Róza El-Hassan
In Between

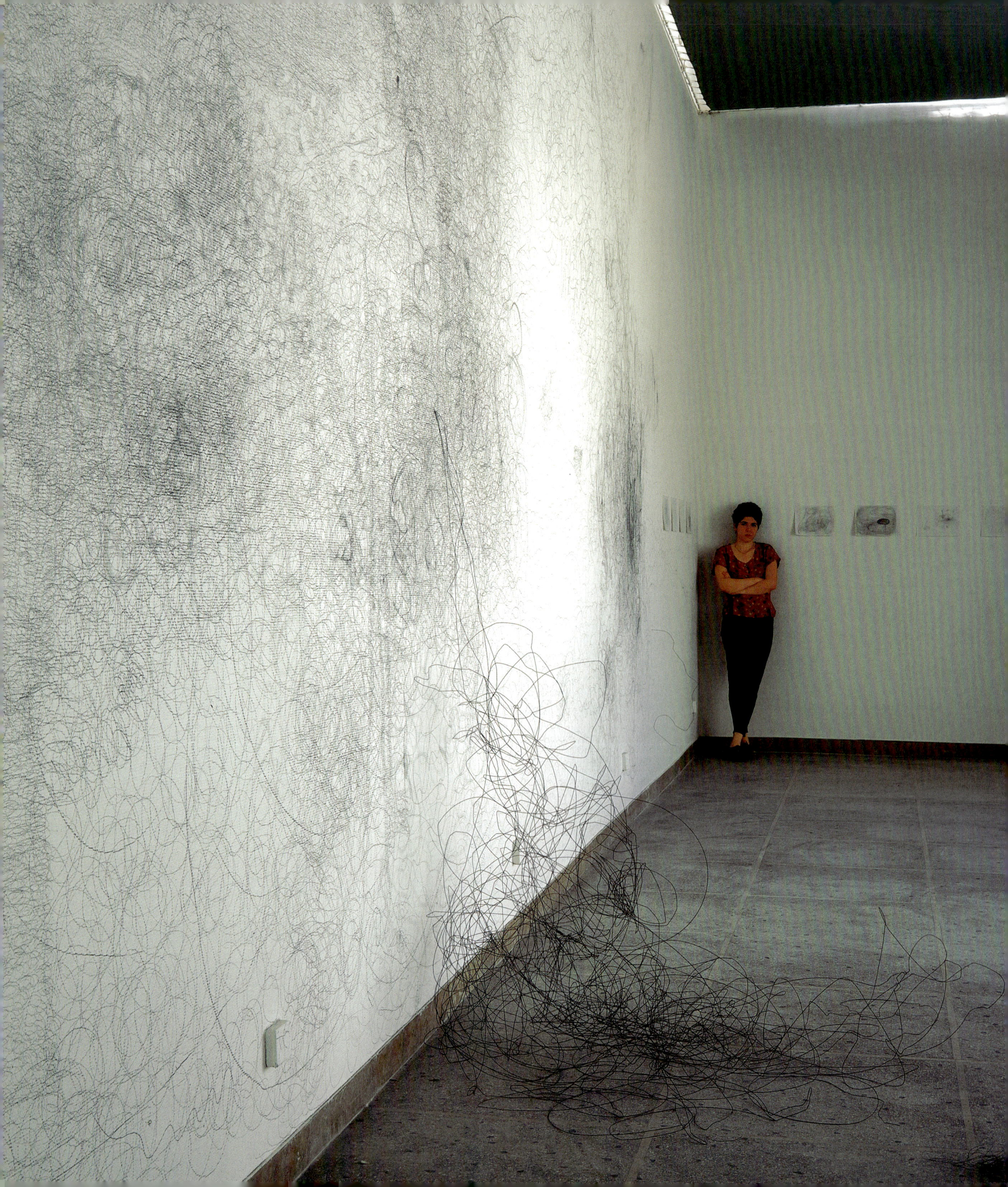

Róza El-Hassan
In Between

Zeichnungen und Objekte
Drawings and Objects

Herausgegeben von // Edited by
Anita Haldemann

Mit Beiträgen von // Essays by
Anita Haldemann, Eva Scharrer

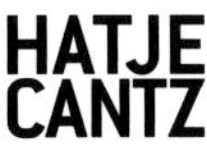

kunstmuseum basel

Inhalt // Contents

Róza El-Hassan (geb. 1966) zählt zu den prominentesten Vertretern der zeitgenössischen Kunst Ungarns. Mit Zeichnungen, Objekten, Installationen, Videos und Aktionen sowie mit kuratorischen und sozialen Projekten hat sich die Künstlerin in den letzten zwanzig Jahren einen Namen gemacht. 1993 begann sie an der Aperto der Biennale von Venedig ihre internationale Ausstellungstätigkeit und 1997 bespielte sie dort den Ungarischen Pavillon. In den 1990er-Jahren war ihre Kunst stark konzeptuell geprägt. Durch die Kombination gegensätzlicher Materialien irritierte sie die Wahrnehmung der Betrachter, liess Zeichnungen in den Raum wachsen und schuf dadurch auch Metaphern für gesellschaftliche Prozesse.

Sensibilisiert durch den Balkankonflikt und andere Ereignisse begann Róza El-Hassan 2001 politischen Fragen nachzugehen und griff dabei Themen der ethnischen und religiösen Verfolgung, der Solidarität und Kollektivschuld auf, die ihr als Frau mit ungarisch-christlichen und zugleich syrisch-muslimischen Wurzeln persönlich wichtig sind. In diesem Zusammenhang ist auch ihre Hinwendung zu intensiverer Tätigkeit im Bereich der Kunst im öffentlichen Raum und zu sozialen Projekten zu sehen. Die abstrakten Netze und Knäuel der 1990er-Jahre wurden in dieser Zeit von tagebuchartigen Skizzen und Collagen abgelöst. Doch die Netz- und Flechtstrukturen sind in jüngster Zeit wieder aufgetaucht.

Vorwort

Mit dem Zeichnen verbindet die Künstlerin einerseits die
Suche nach der eigenen Identität, andererseits verhandelt
sie hierin grundlegende Fragen nach künstlerischer Autonomie, politischer Relevanz und ästhetischem Anspruch. In
allen Phasen ihrer Arbeit ist dieses Medium zentral geblie-
ben und spielte phasenweise sogar die Hauptrolle. Mit
113 Werken steht es auch in der Basler Ausstellung und dem
dazugehörigen Katalog im Zentrum. Dass die Zeichnung
aber nie ganz loszulösen ist von den anderen Tätigkeiten der
Künstlerin, bringen wir dadurch zum Ausdruck, dass wir
ausgewählte Objekte, Plastiken und auch ein Video mit einbezogen haben, das zur Installation aus der Sammlung
des Kunsthauses Zürich gehört.

 Das Kupferstichkabinett des Kunstmuseums Basel
hat bereits 2003 mit den 30 »Sketches for Overpopulation—
Clothes« eine erste Zeichnungsgruppe von Róza El-Hassan
erworben, als sie Gastkünstlerin am Collegium Helveticum
der ETH in Zürich war. Seither sind 26 Werke dazugekommen,
die alle erstmals in Basel ausgestellt sind.

 Róza El-Hassan hat sich mit viel Enthusiasmus auf
dieses Projekt des Basler Kupferstichkabinetts eingelassen.
Ohne ihre intensive Mitarbeit und ihre Offenheit bei den Vor-
bereitungen wäre diese Ausstellung nicht möglich gewesen.
Eva Scharrer danken wir für ihren Text, mit dem sie den Plastiken inmitten der vielen Zeichnungen die gebührende Aufmerksamkeit schenkt.

Die Bestände aus dem Kupferstichkabinett Basel werden in
der Ausstellung durch zahlreiche Werke ergänzt. Wir danken Júlia Bartók und Gábor Bruck, mehreren Privatsammlun-
gen in Frankreich und der Schweiz sowie der evn collection,
Maria Enzersdorf in Österreich und dem Kunsthaus Zürich für
ihre grosszügigen Leihgaben. Tatkräftig unterstützt wurde
die Ausstellung von der Tony Wuethrich Galerie in Basel und
der Gandy Gallery in Bratislava.

Christian Müller, Leiter des Kupferstichkabinetts
Anita Haldemann, Kuratorin der Ausstellung

Róza El-Hassan (b.1966) is one of the most prominent exponents of modern Hungarian art. She has made a name for herself over the past twenty years with drawings, objects, installations, videos, and "actions" along with curatorial and social projects. In 1993 she began her international exhibition activity at the Venice Biennale, and in 1997 she was chosen to represent her native country by showing her work in the Hungarian Pavilion there. During the nineties her art was strongly conceptual. By combining contrasting materials, she played tricks with perception, e.g. by having drawings grow out into space and thus also creating metaphors for social processes.

Sensitized by the Balkan conflict and other events, Róza El-Hassan began in 2001 to explore political questions, taking up the themes of ethnic religious persecution, solidarity, and collective guilt, themes of personal importance to her as a woman with Hungarian-Christian but also Syrian-Muslim roots. Her increased activity in the field of public art and social projects should also be seen in this context. The abstract nets and tangles of the nineties gave way in this period to diary-like sketches and collages, but the networked and woven structures have recently resurfaced.

The artist connects drawing with her search for her own identity, but she also uses it to address fundamental questions of artistic autonomy, political relevance, and aesthetic aspiration. In all phases of her work, this medium has

Preface

remained central and has in certain periods even played the main role. With 113 works, it also forms the focus of the Basel exhibition and the accompanying catalogue. However, drawing can never be entirely detached from the artist's other activities, as we have sought to express by integrating selected objects, sculptures, and also a video which belongs to the installation from the collection of the Kunsthaus Zürich.

The Kupferstichkabinett (Department of Prints and Drawings) of the Kunstmuseum Basel acquired a first group of drawings by Róza El-Hassan, thirty "Sketches for Overpopulation—Clothes," back in 2003, when she was guest artist at the Collegium Helveticum of the ETH in Zurich. Since then, a further twenty-six works have been added to the collection, which are all now on show in Basel for the first time.

Róza El-Hassan embarked on this project of the Basel Kupferstichkabinett with great enthusiasm. Without her intensive cooperation and her openness during the preparatory stage, this exhibition would not have been possible. We should like to thank Eva Scharrer for her essay, in which she devotes due attention to the sculptures in the midst of the many drawings.

The works from the Basel Kupferstichkabinett are joined in the exhibition by numerous others. We are grateful to Júlia Bartók and Gábor Bruck, a number of private collections in France and Switzerland, the evn collection, Maria Enzersdorf in Austria, and the Kunsthaus Zürich for their generous loans. The exhibition was also vigorously supported by the Tony Wuethrich Galerie in Basel and the Gandy Gallery in Bratislava.

Christian Müller, Head and Curator, Department of Prints and Drawings
Anita Haldemann, Curator of the Exhibition

#1

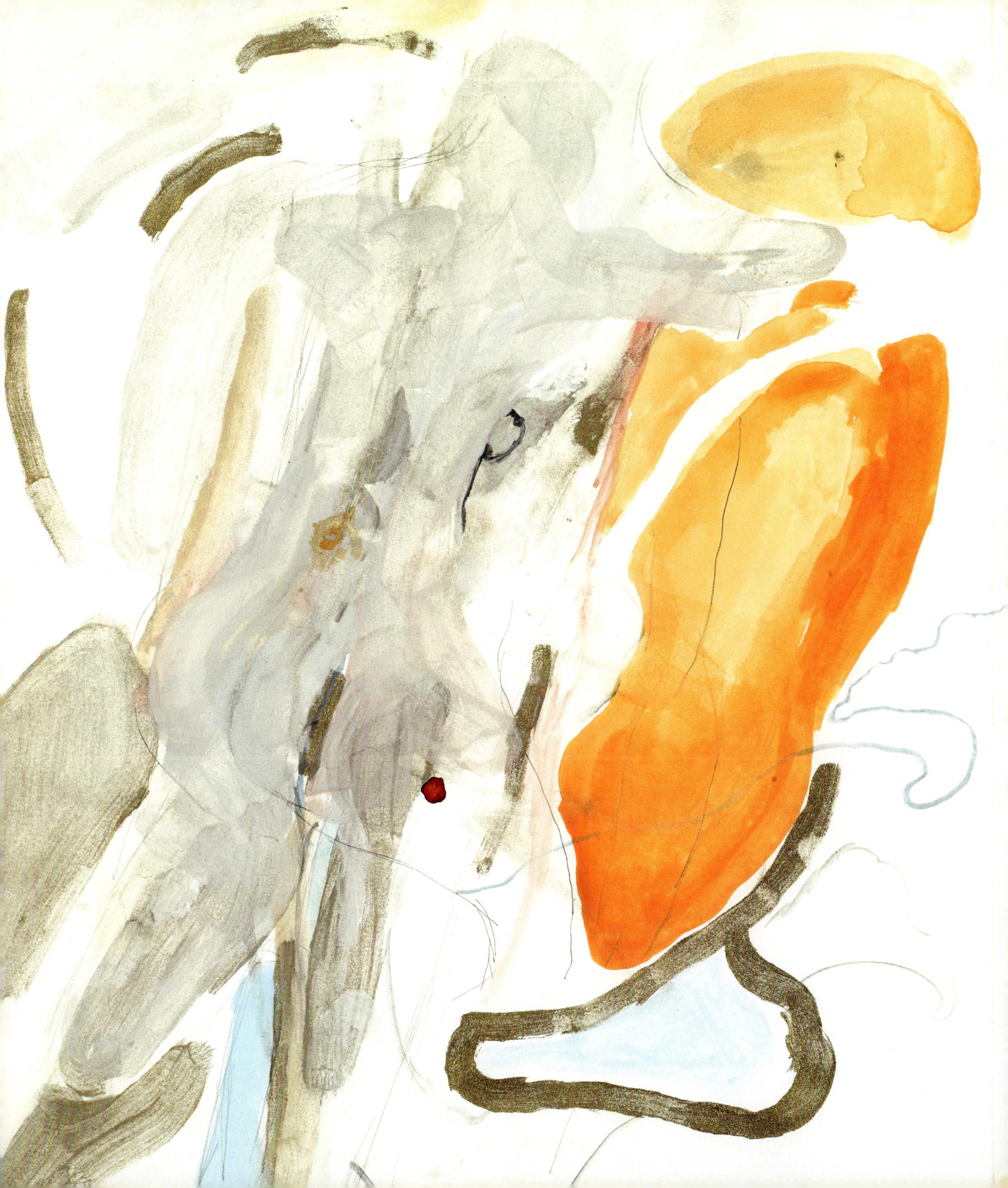

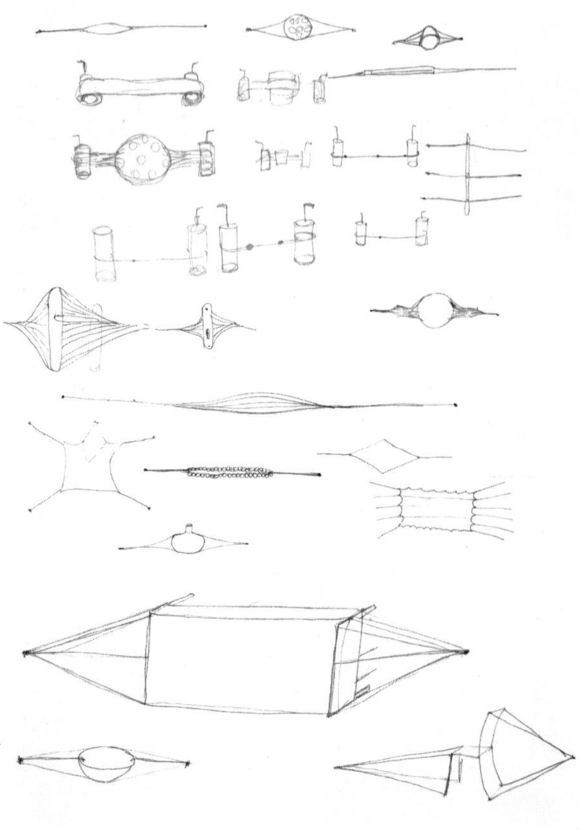

1
Untitled (Study for Stretched Objects), 1995

4
Untitled (Study for Stretched Objects), 1995

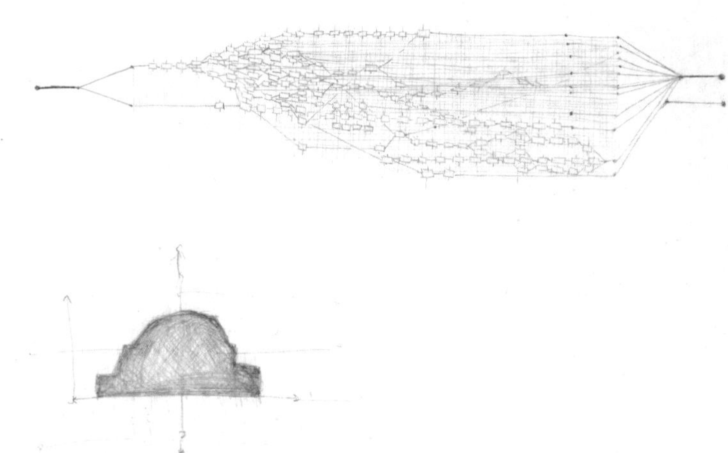

2

Untitled (Study for Stretched Objects), 1995

3

Untitled (Study for Stretched Objects), 1995

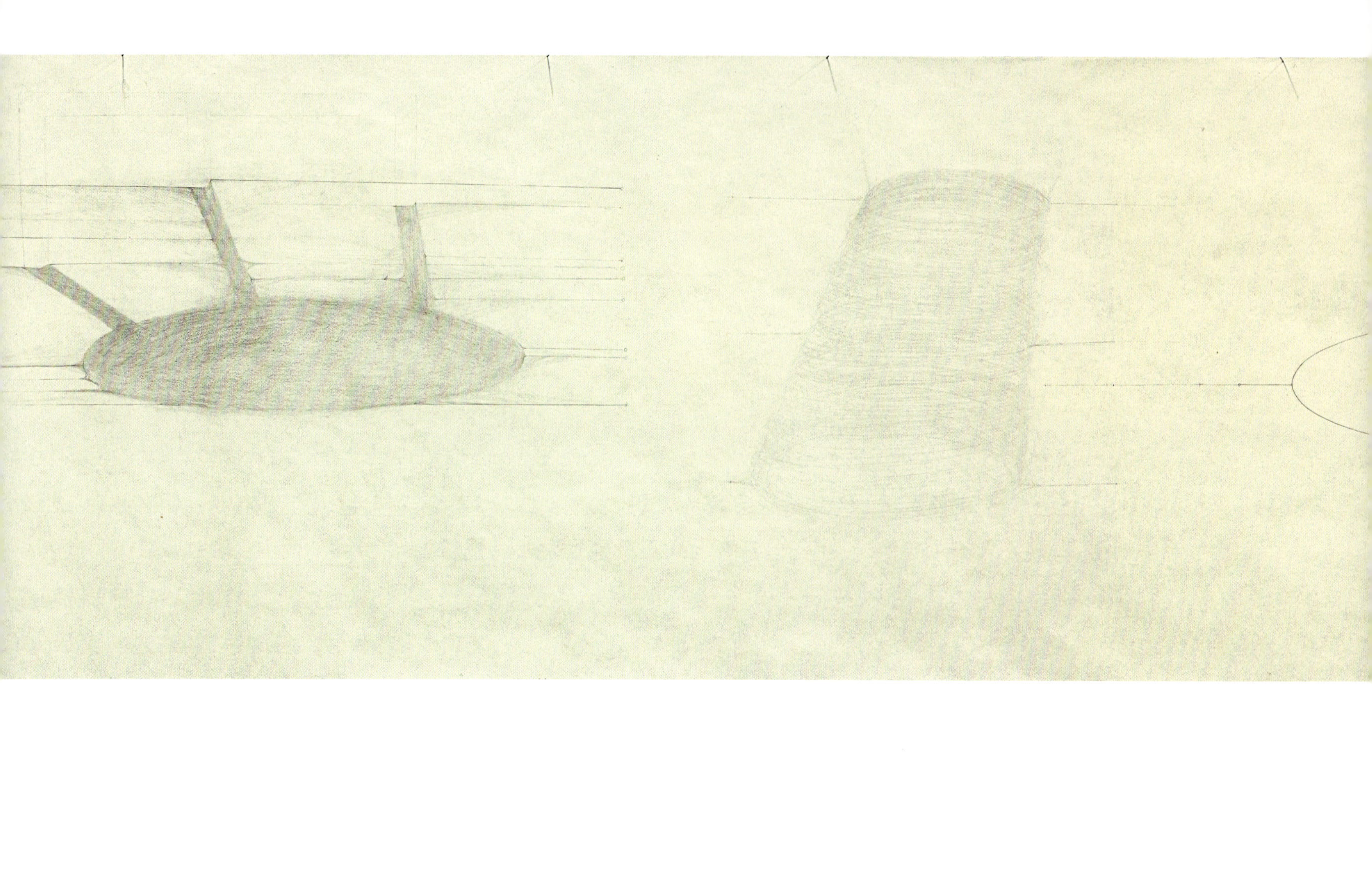

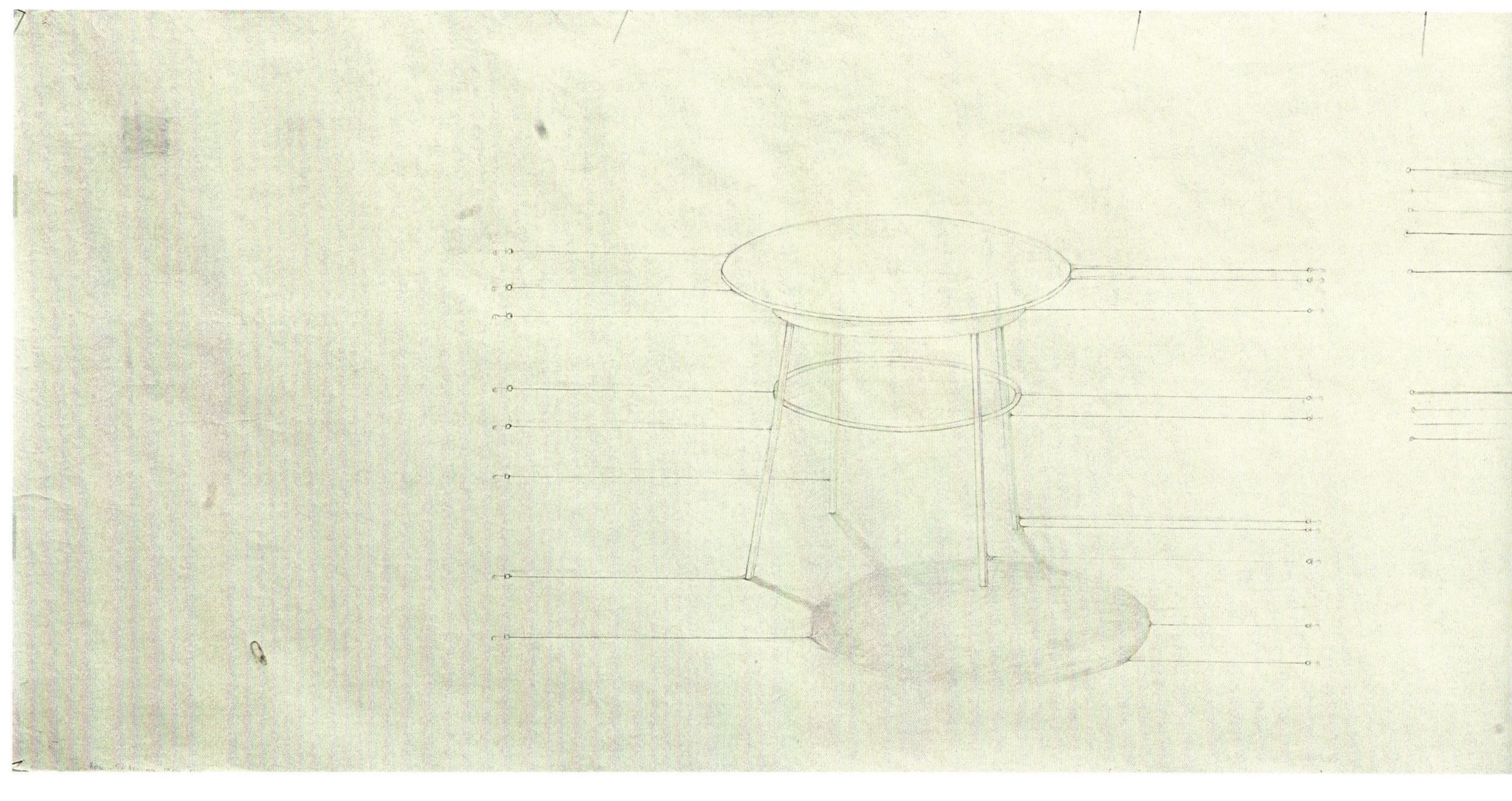

5
Stretched Objects, 1995

5
**Verso Stretched
Objects, 1995**
(Ausschnitt // detail)

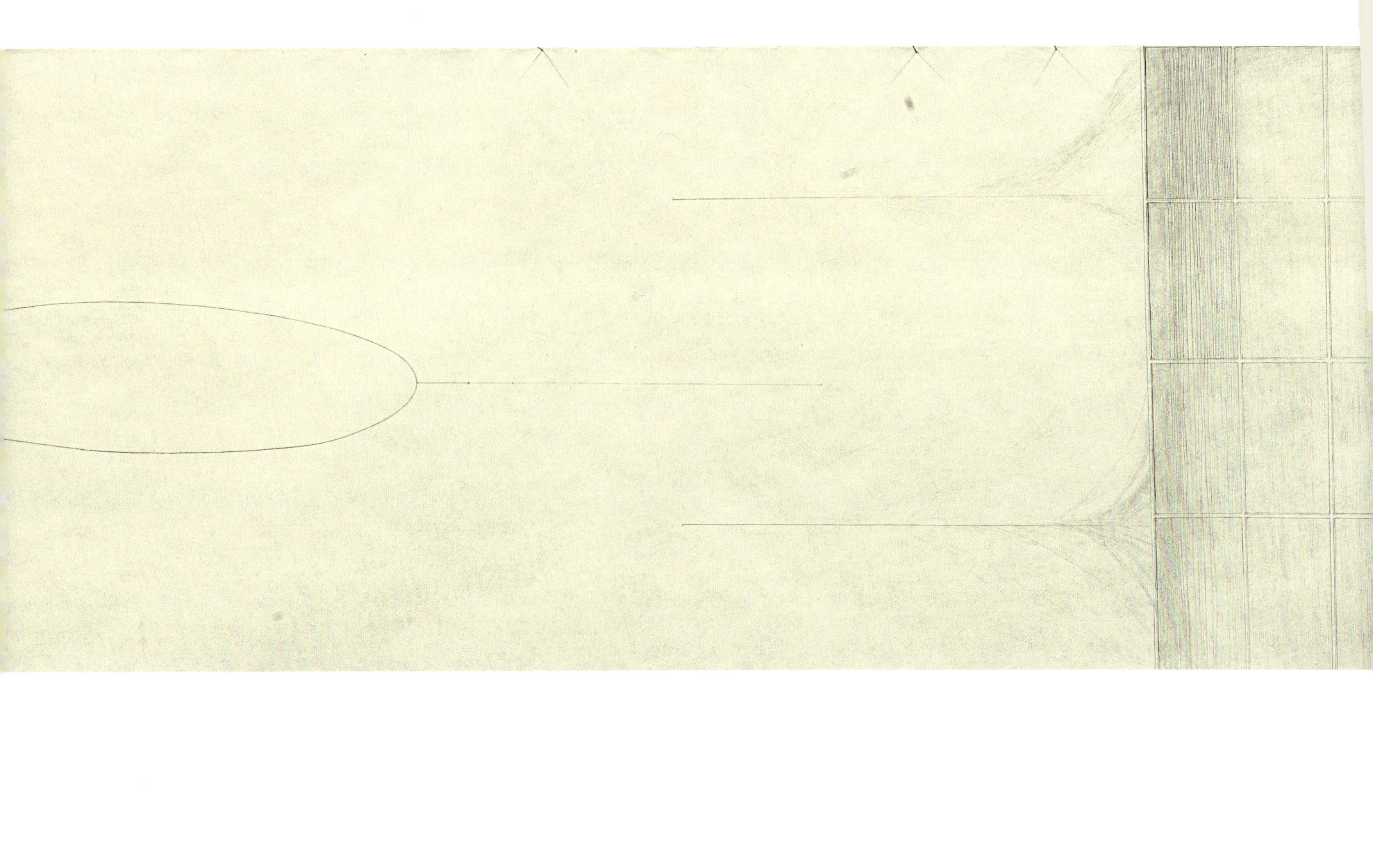

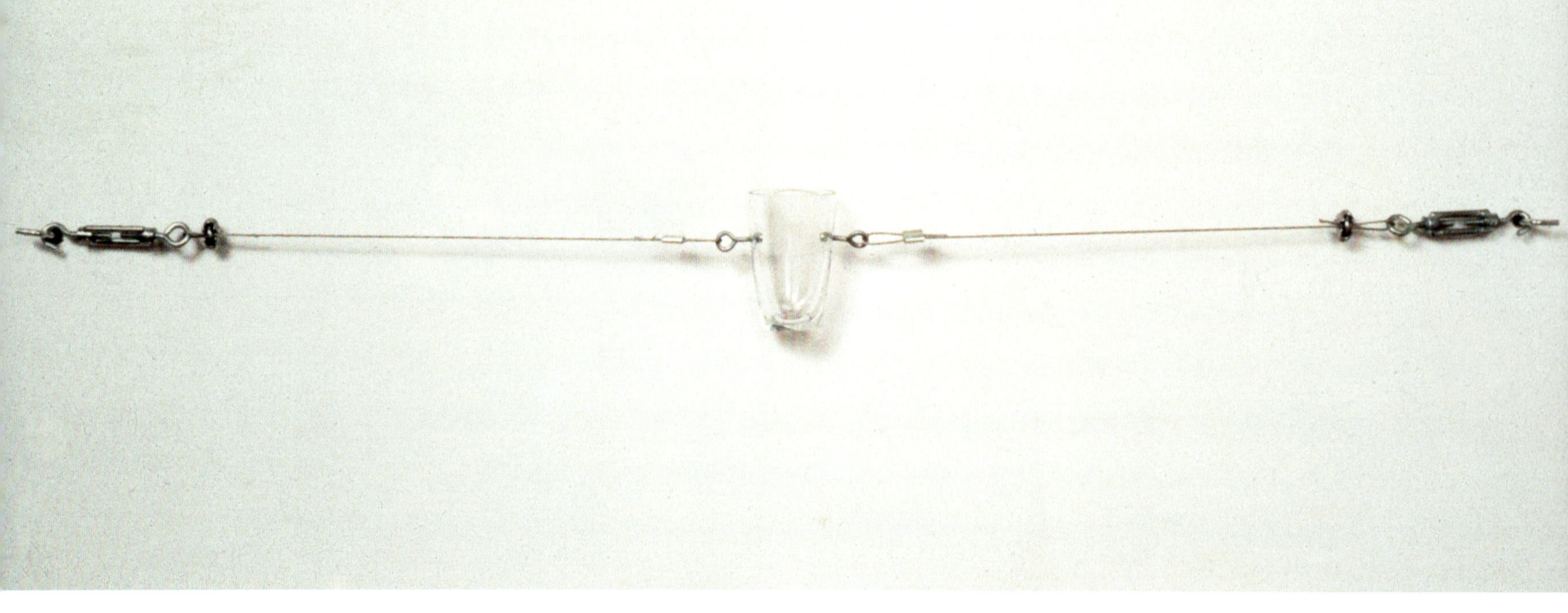

58
Stretched Drinking Glass, 1995

59
Tangle, 1997

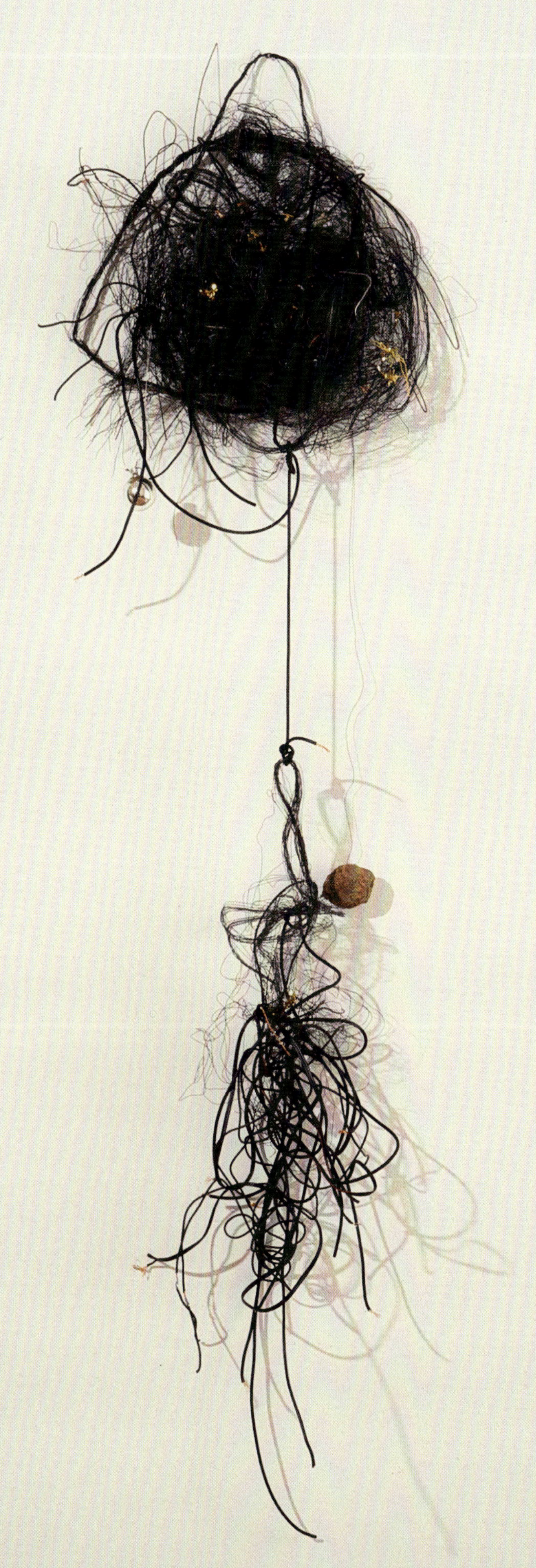

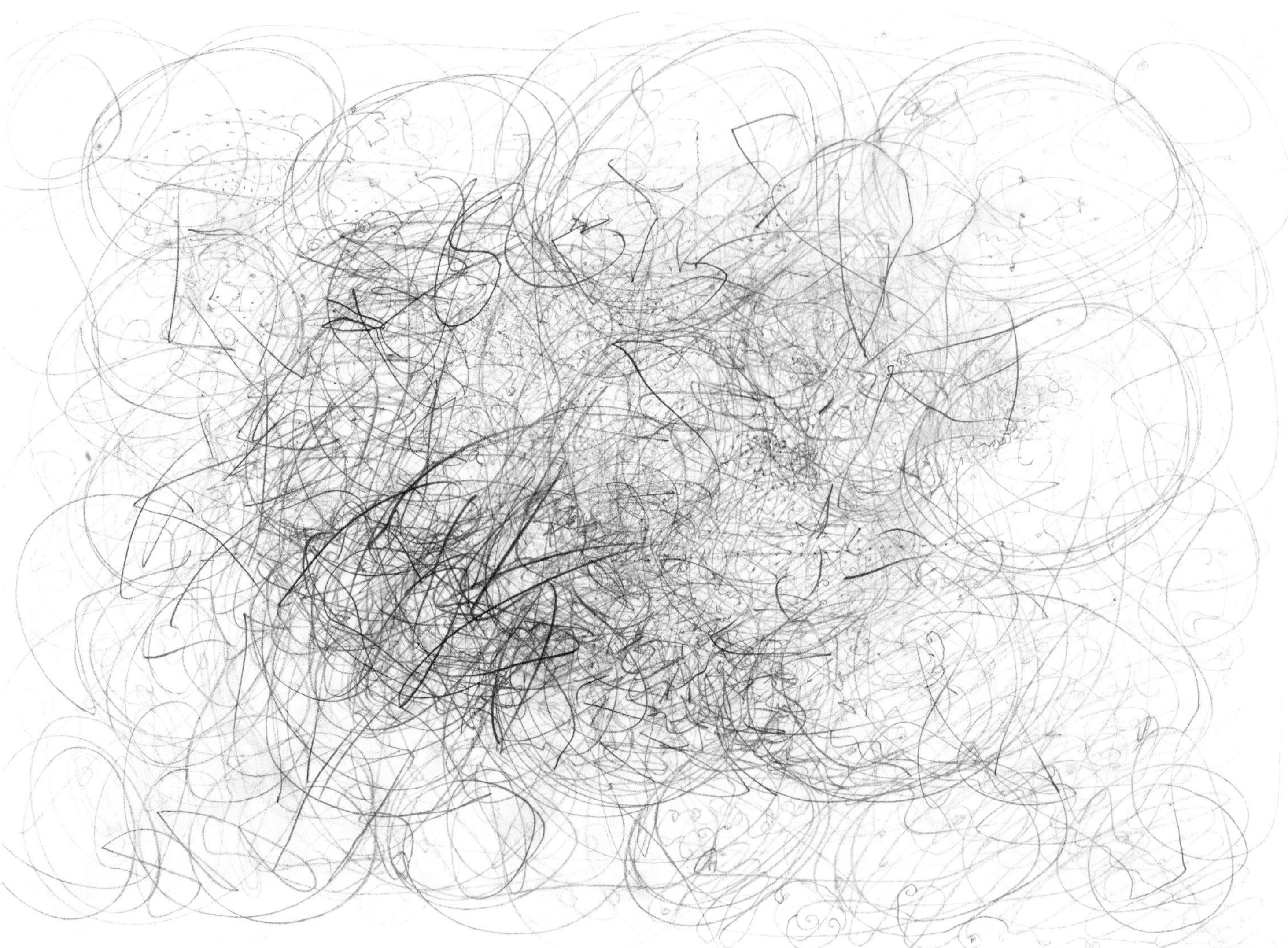

6.1
Untitled, 1997

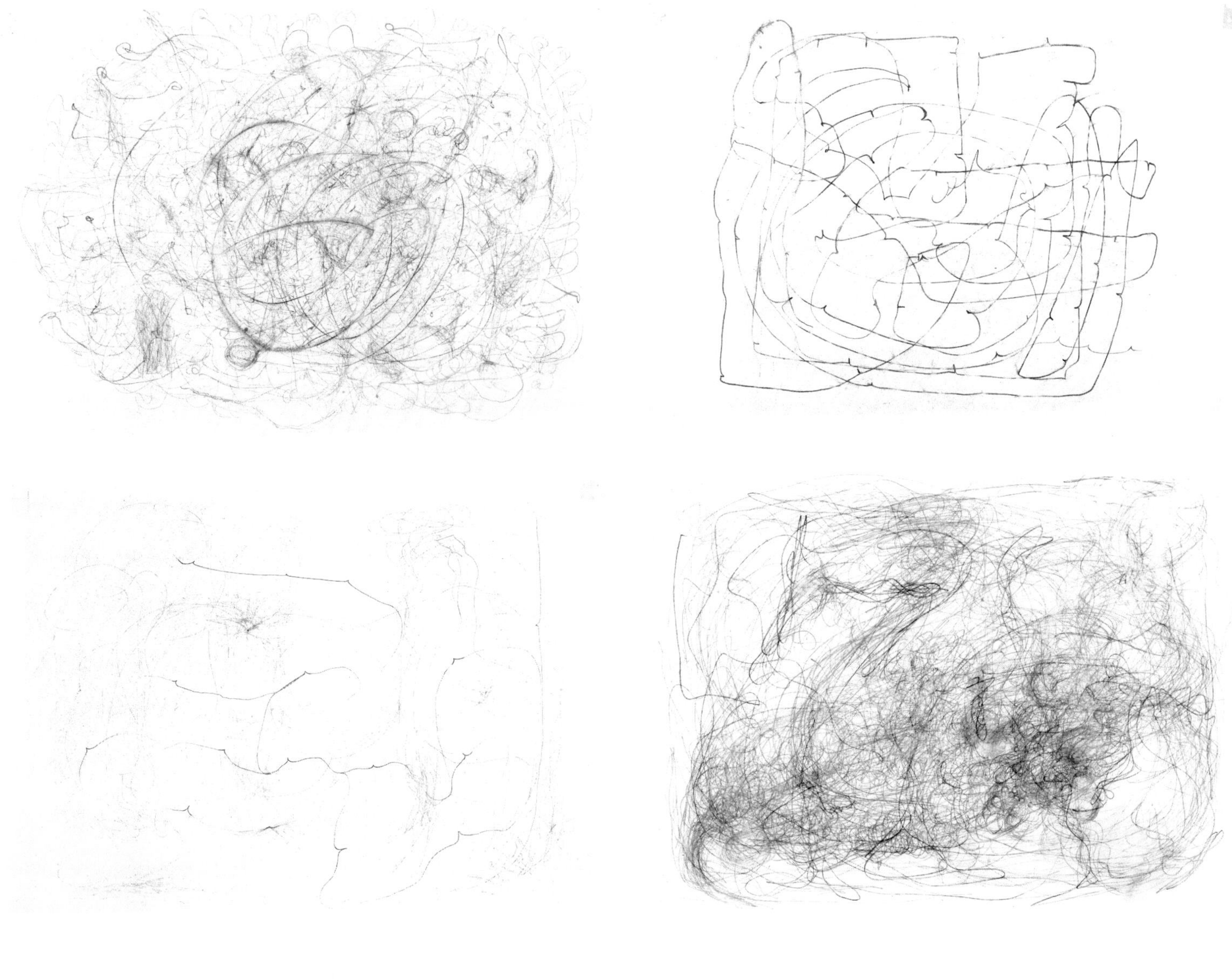

6.4, 6.2

6.5, 6.3

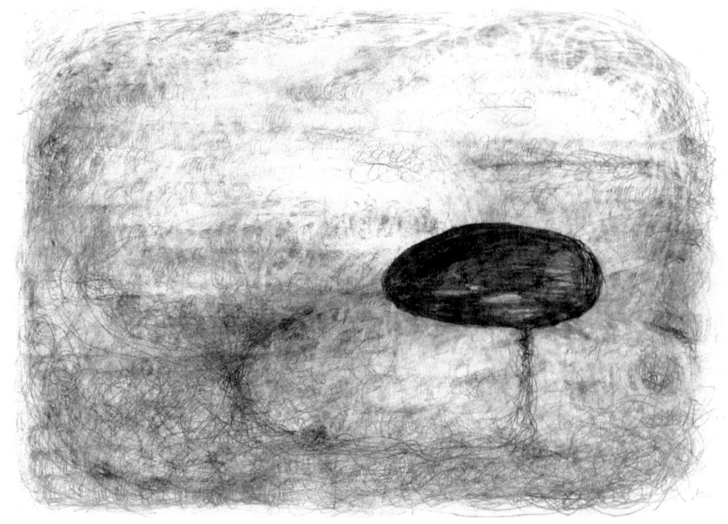

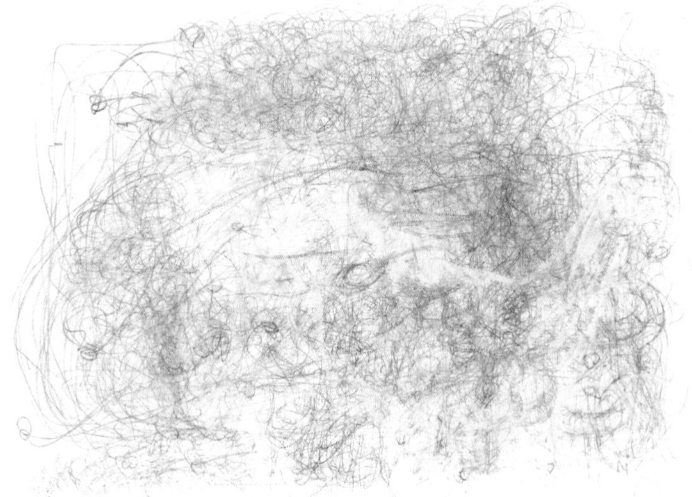

6.7, 6.6

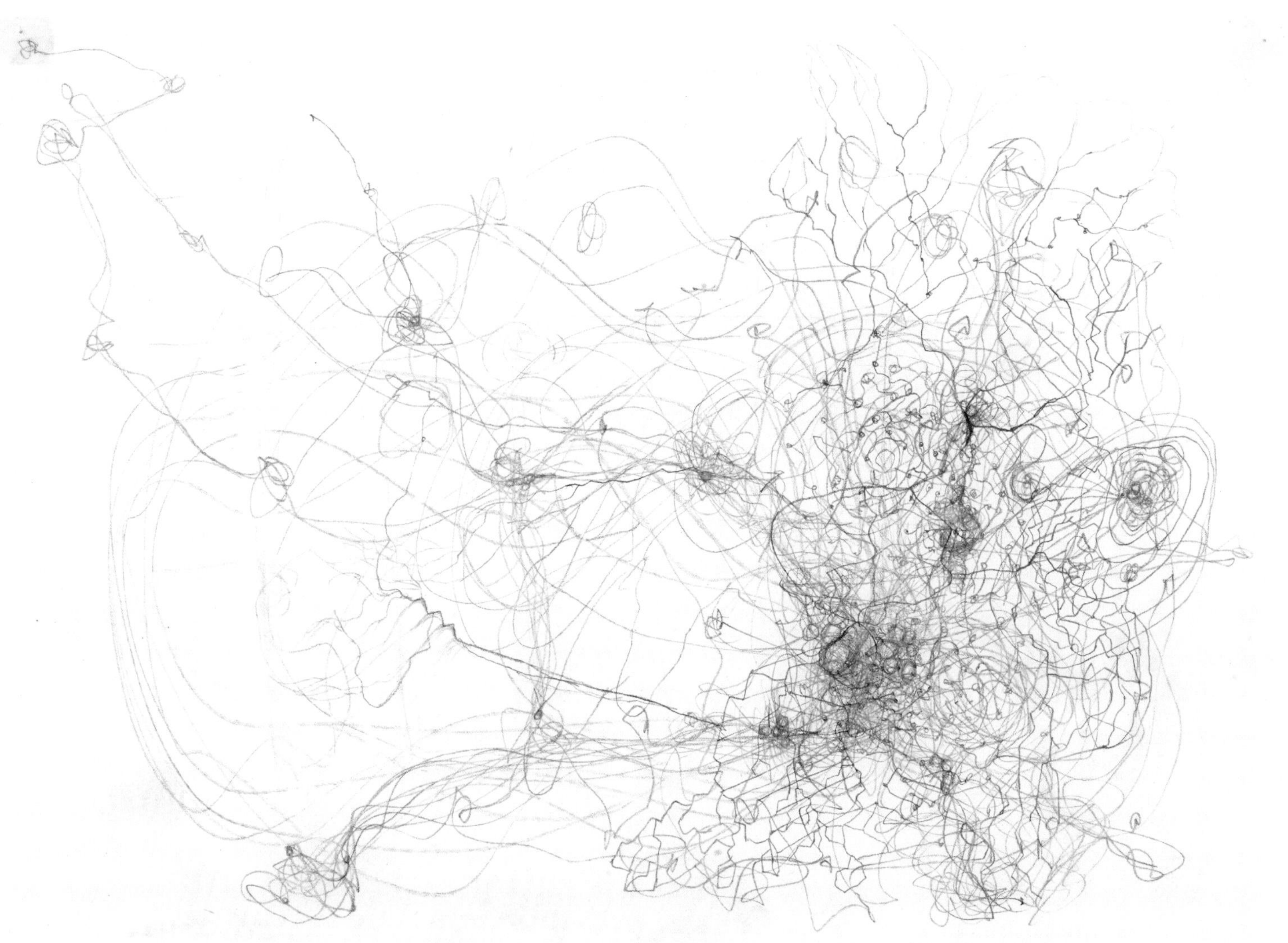

6.8

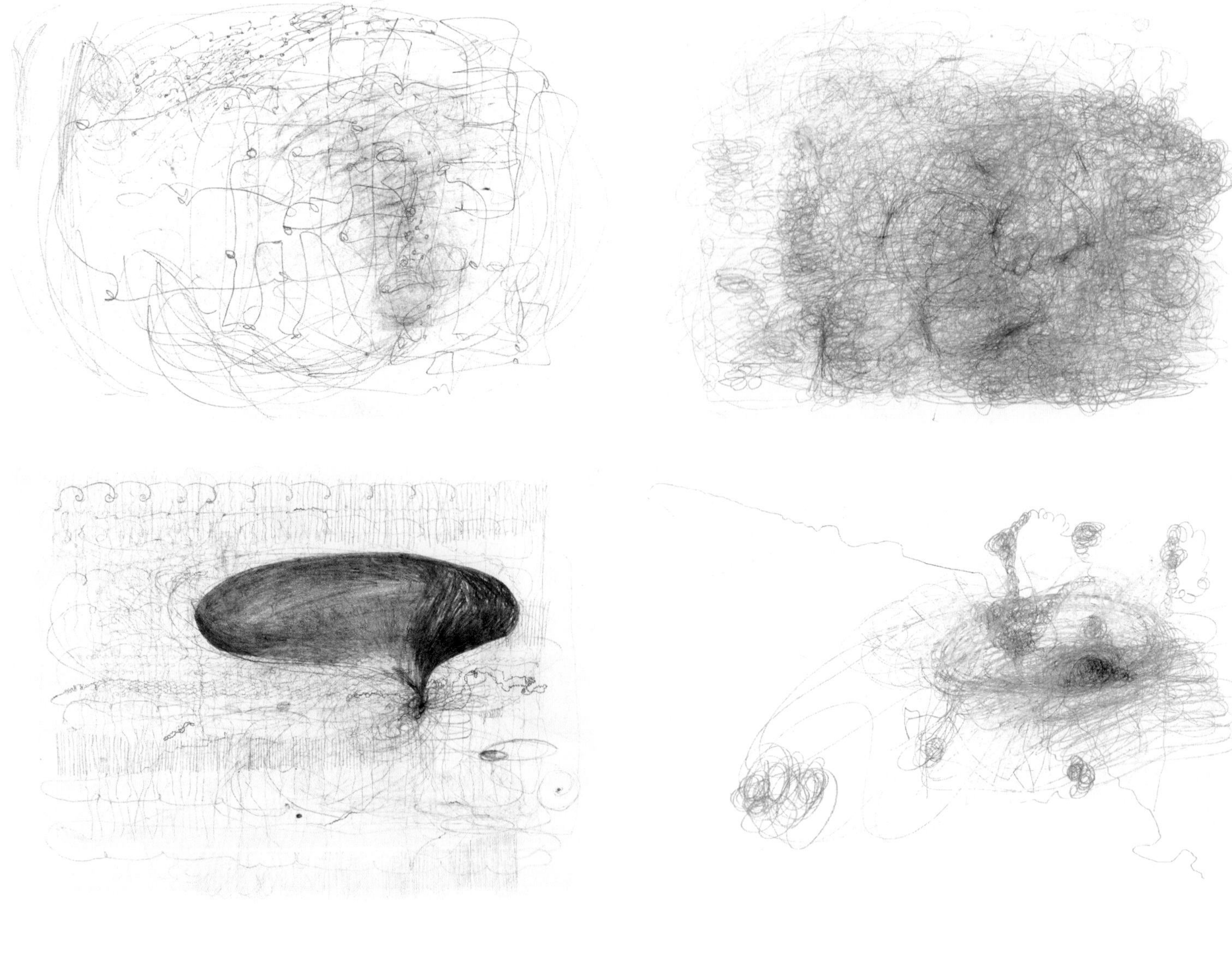

6.11, 6.9
6.12, 6.10

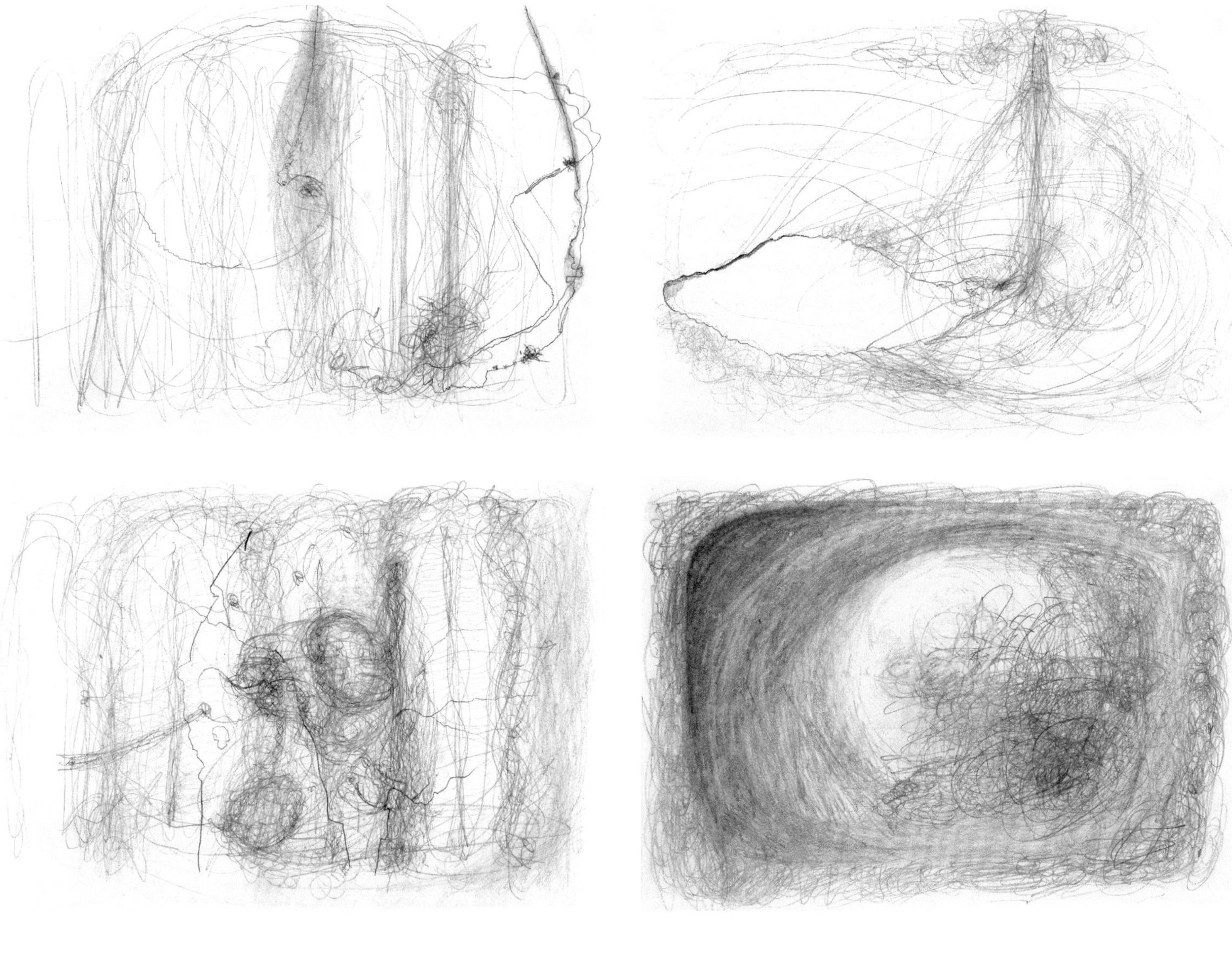

6.15, 6.13

6.16, 6.14

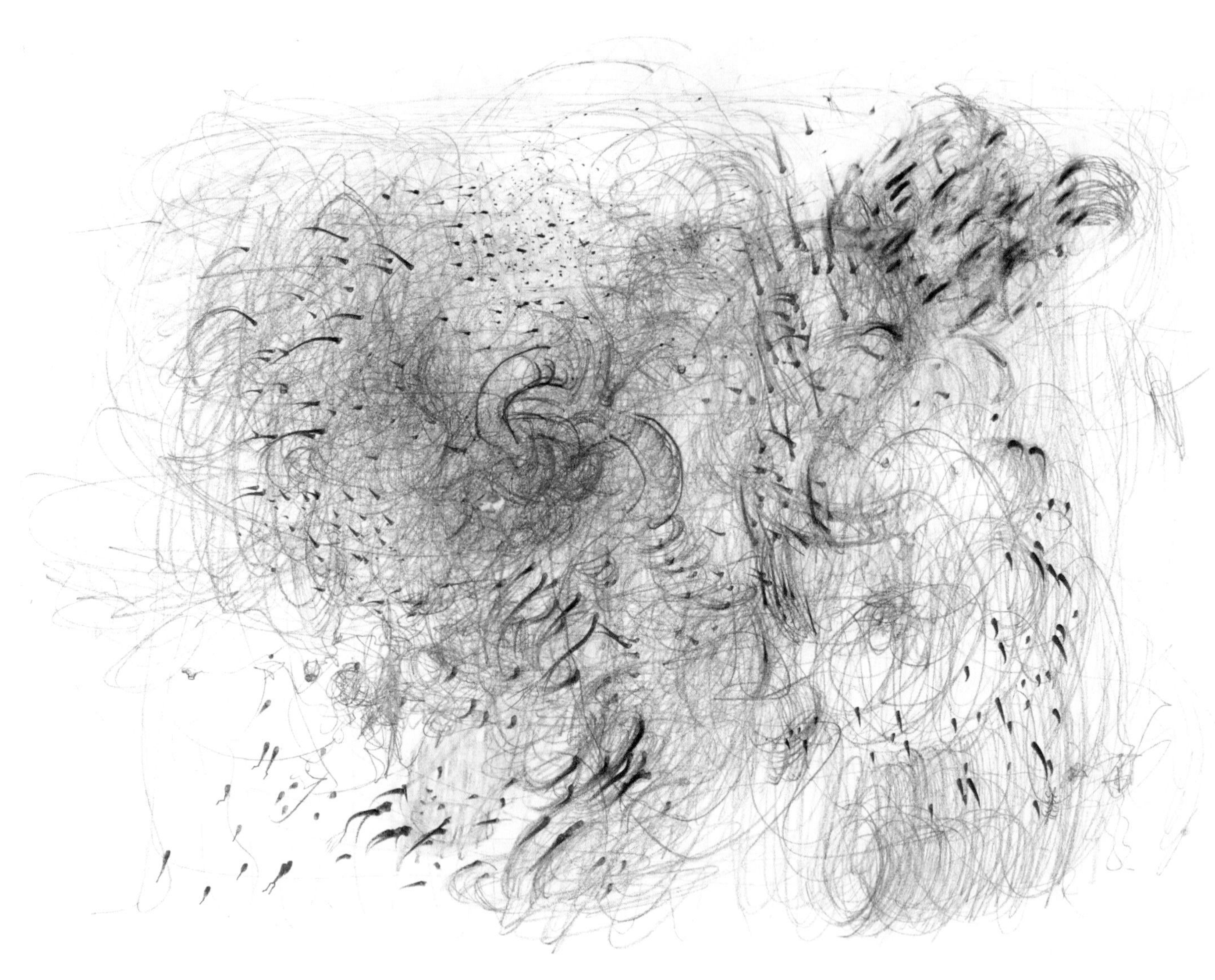

6.18

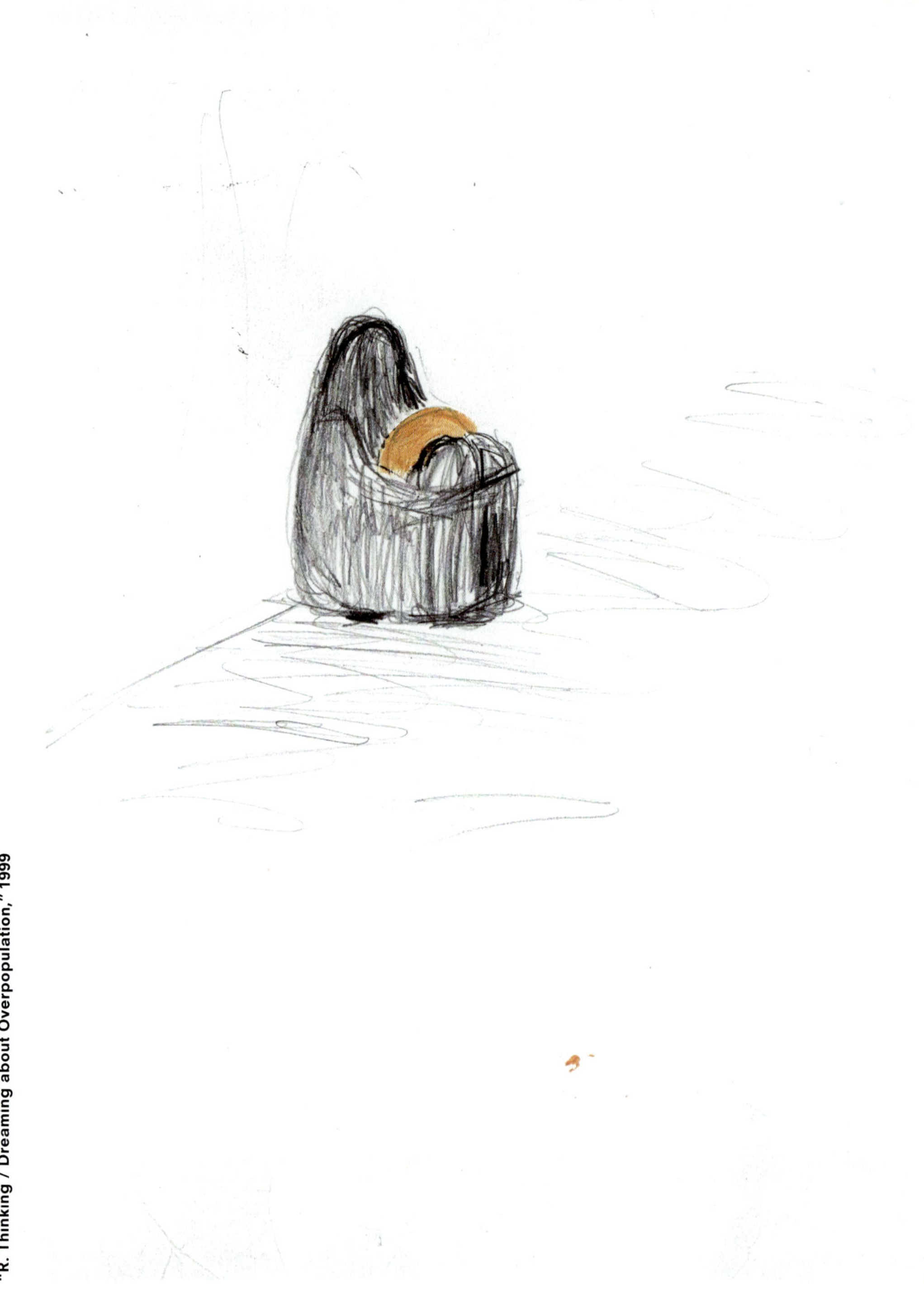

7
Sketch for Sculpture and Performance
"R. Thinking / Dreaming about Overpopulation," 1999

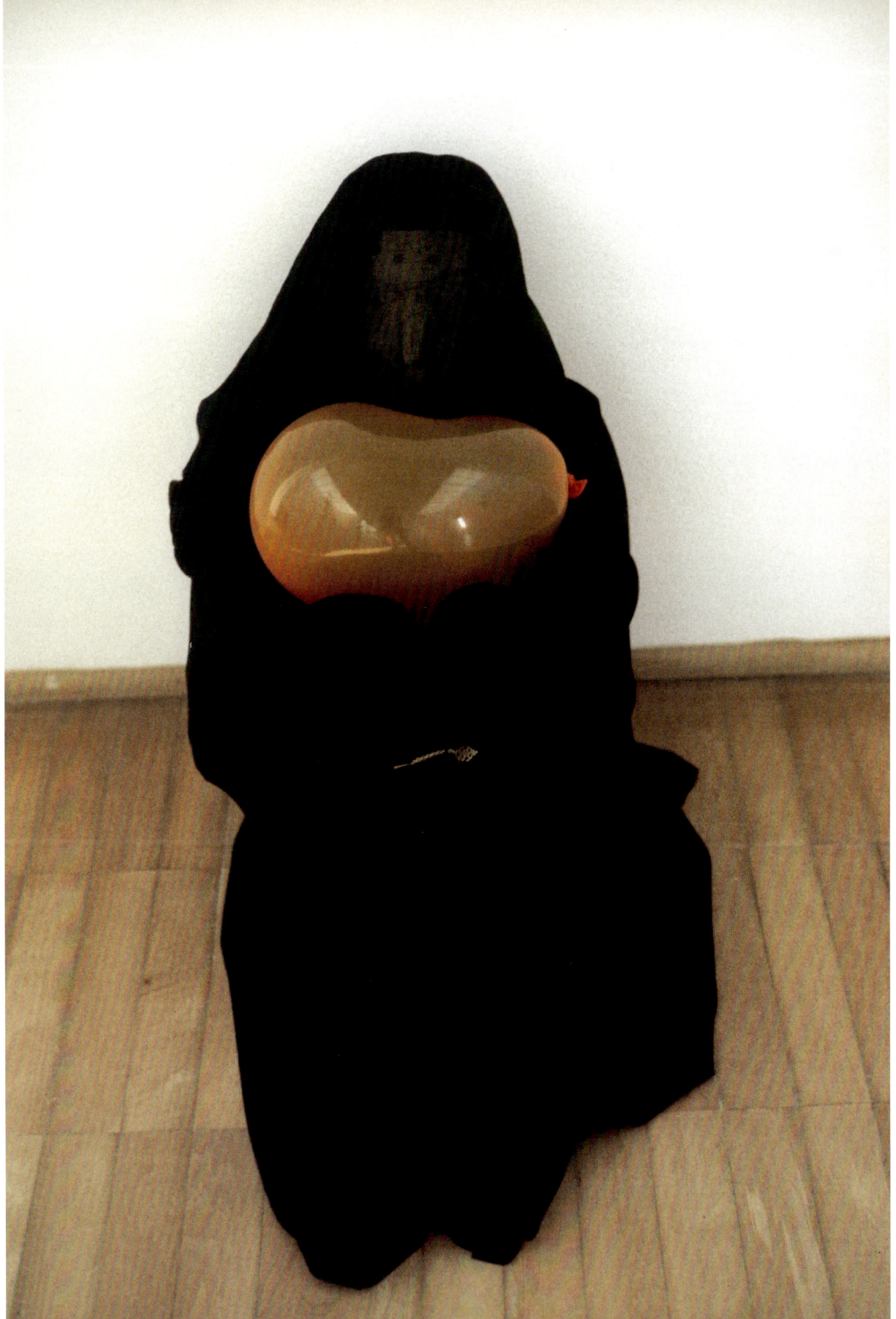

60
R. Thinking / Dreaming about Overpopulation I, 1999/2000

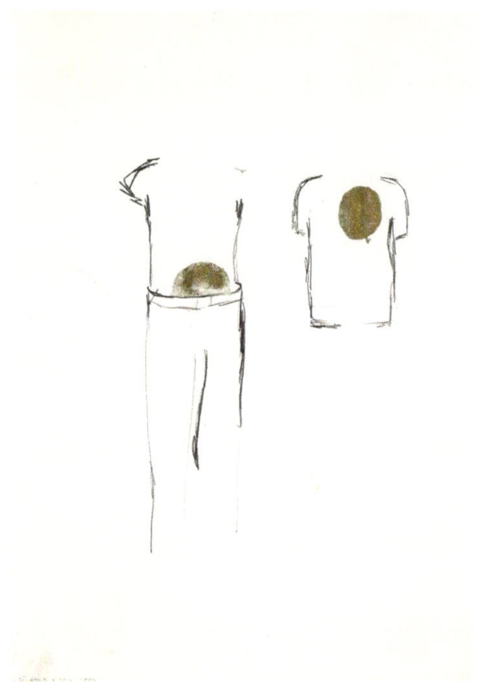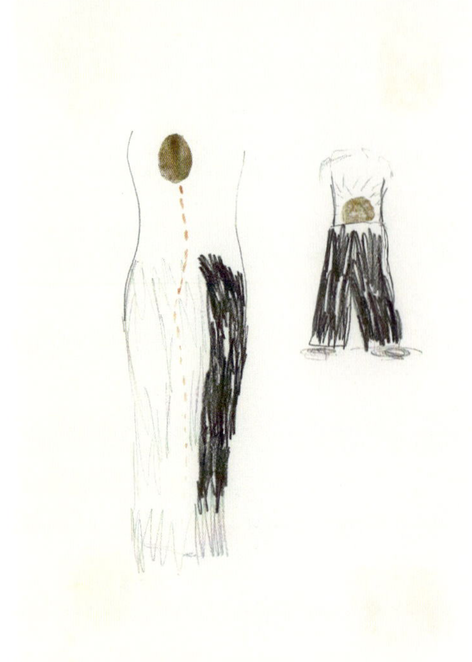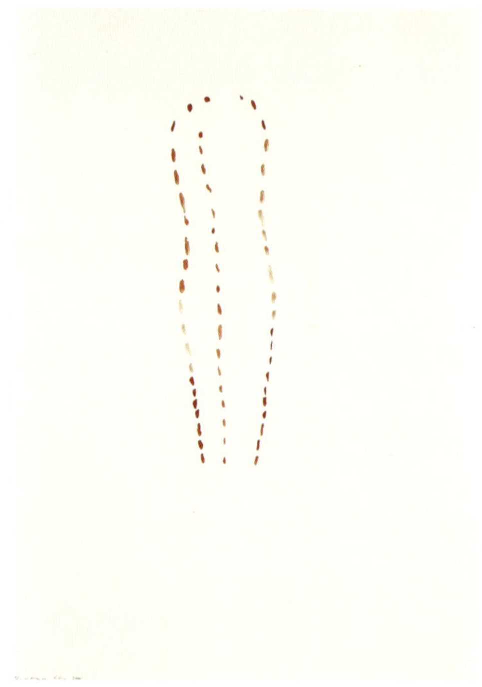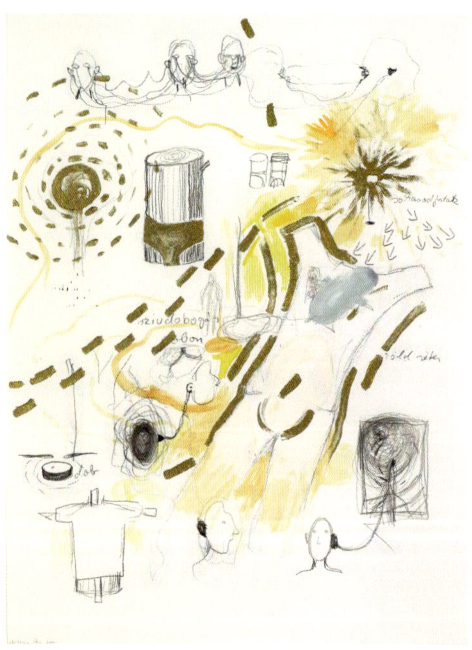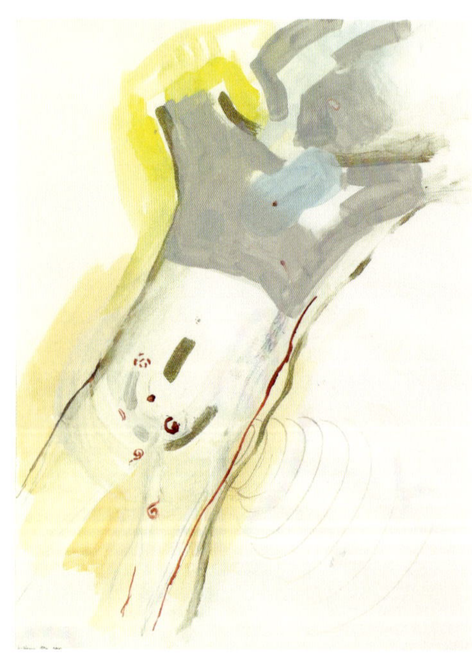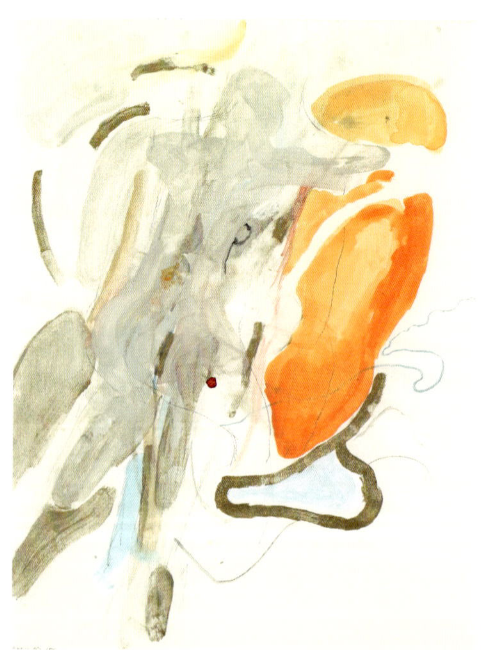

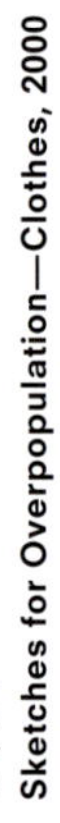

8.1, 8.4
Sketches for Overpopulation—Clothes, 2000

8.2, 8.5

8.3, 8.6

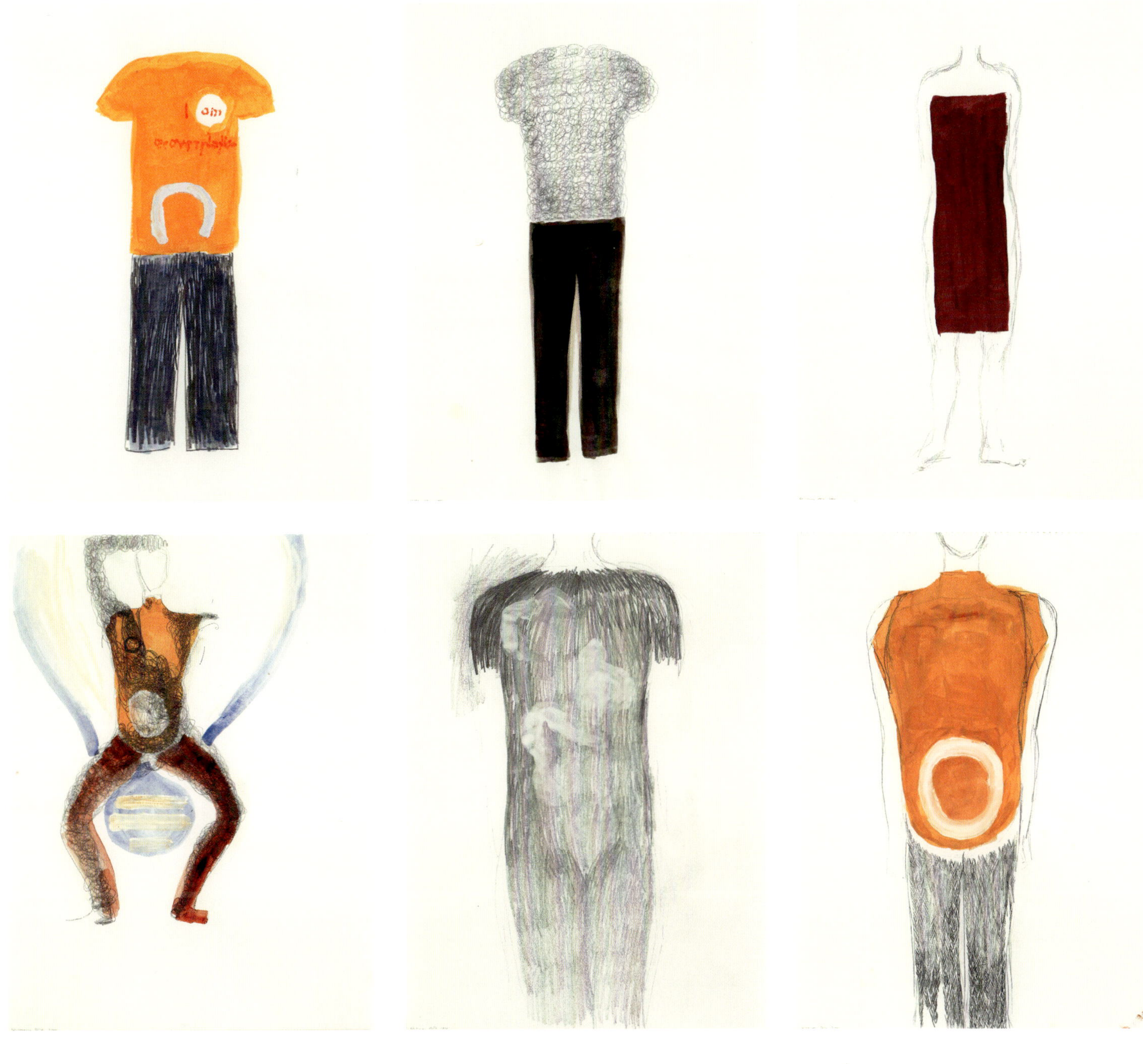

8.7 (**Ausschnitt // detail**), 8.16

8.15, 8.29

8.20, 8.28

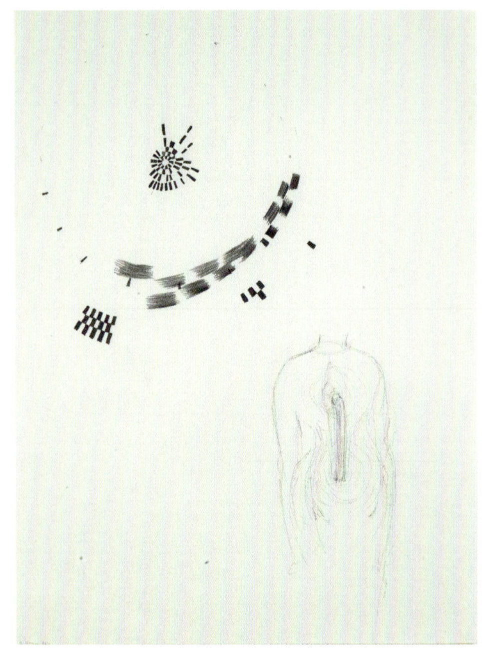

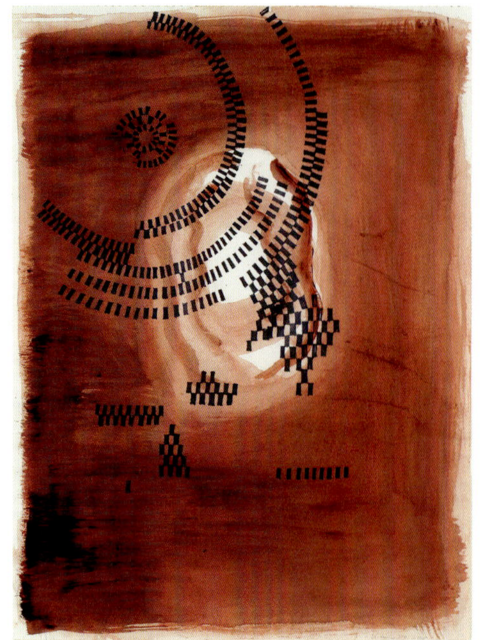

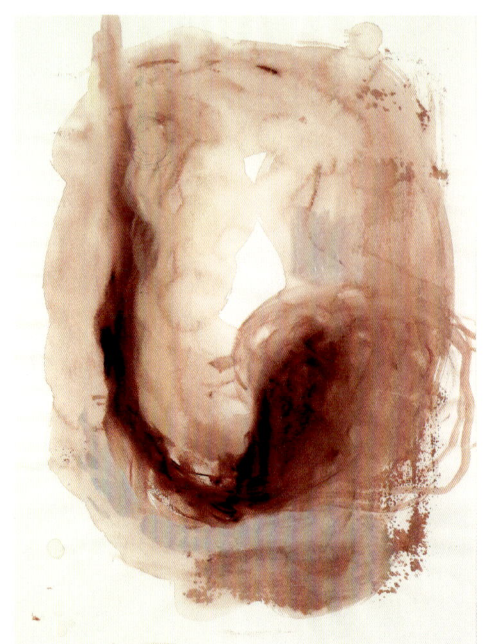

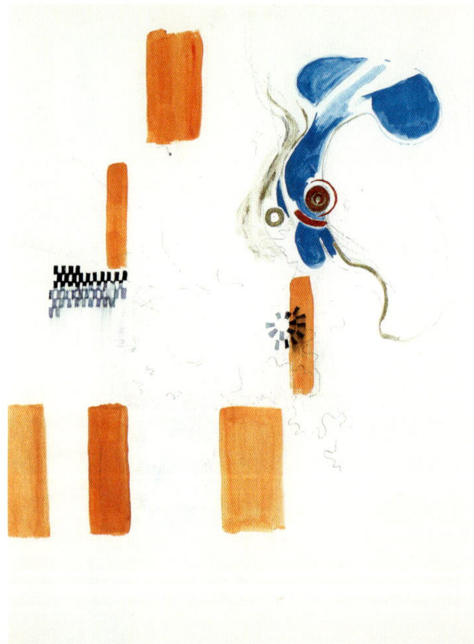

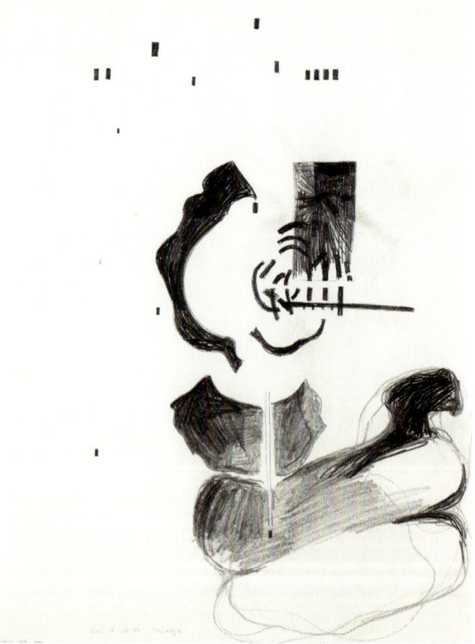

8.8, 8.18

8.9, 8.11

8.10, 8.14

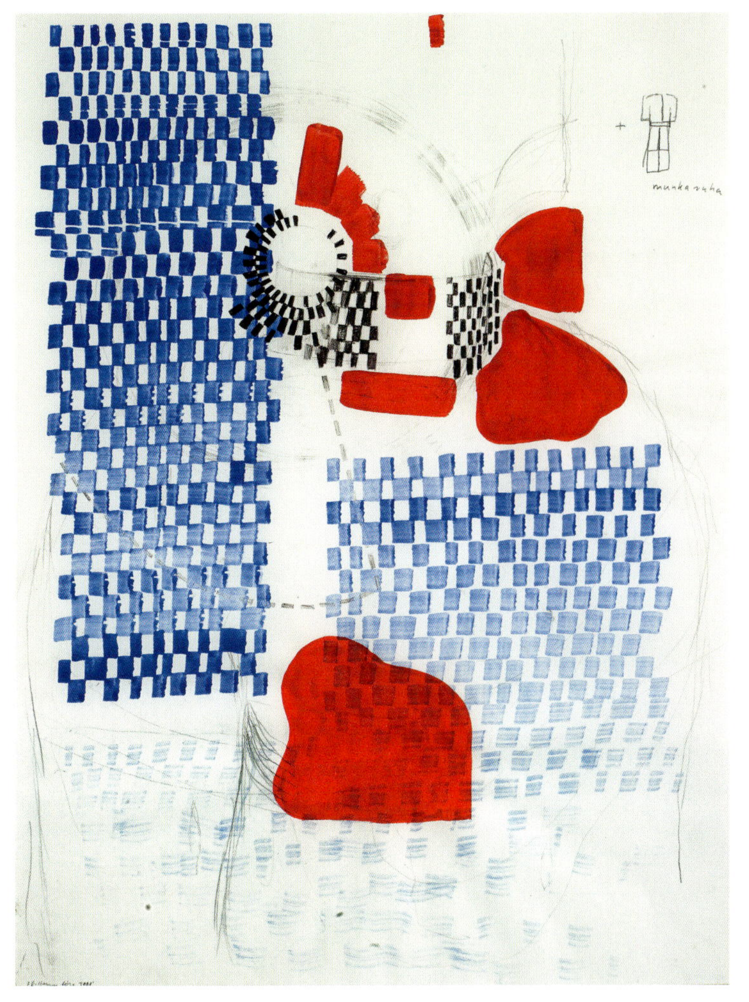
munkaruha

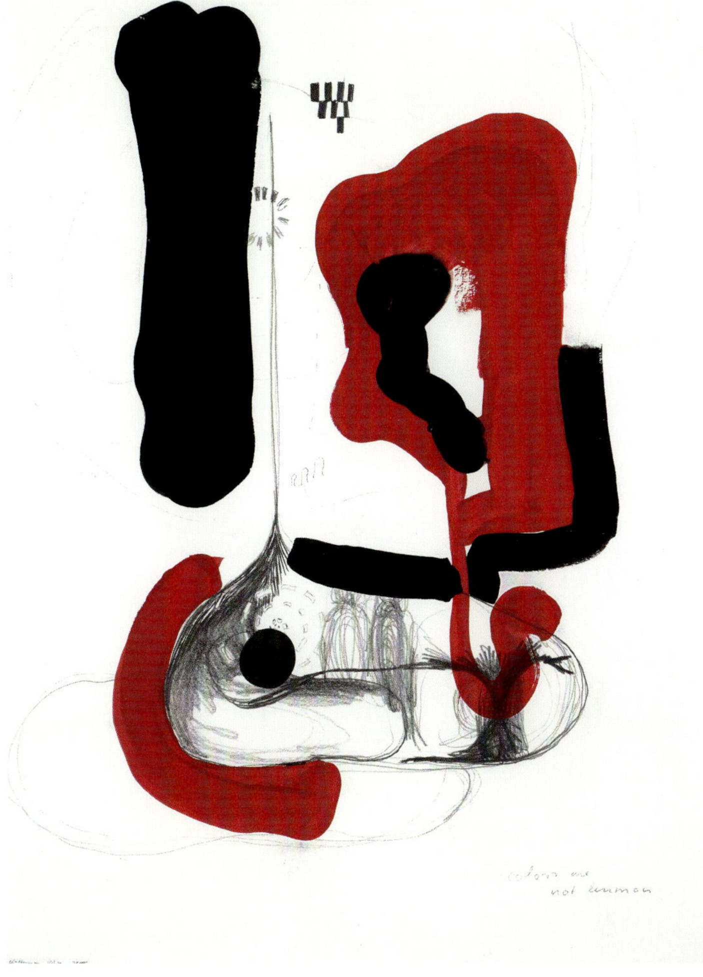
colours are
not common

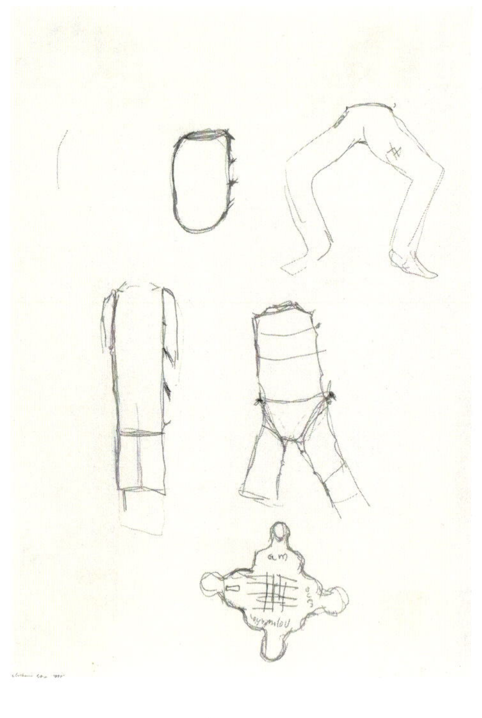

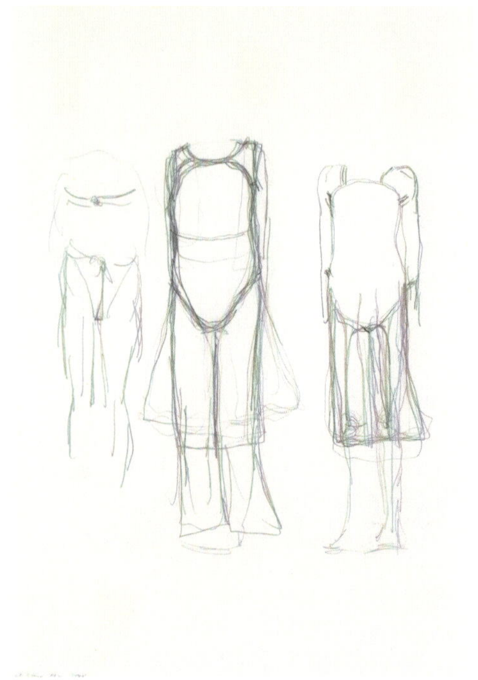

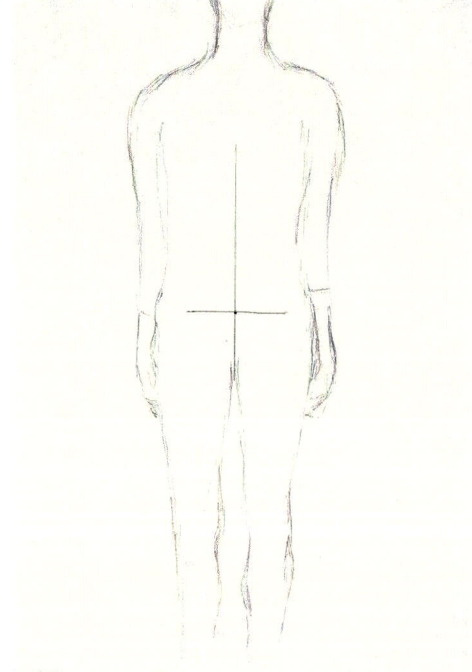

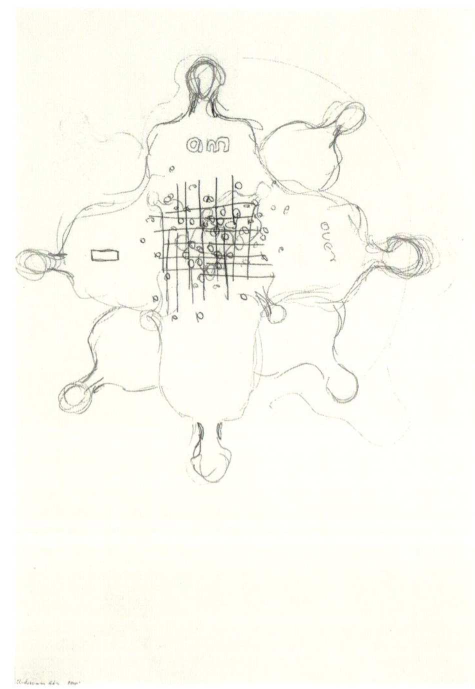

8.12, 8.19

8.13, 8.30

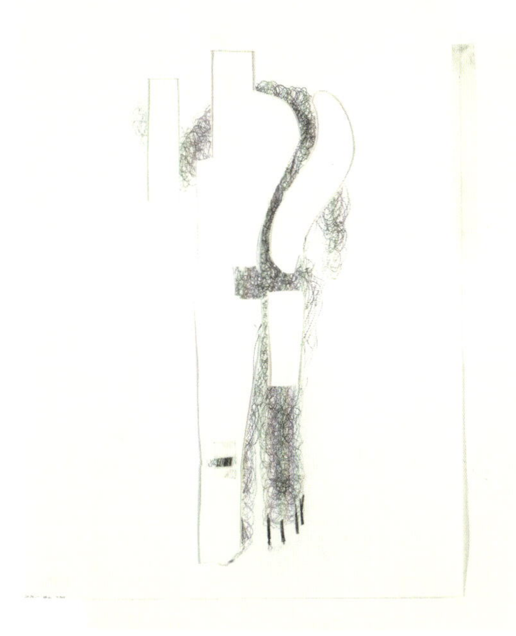

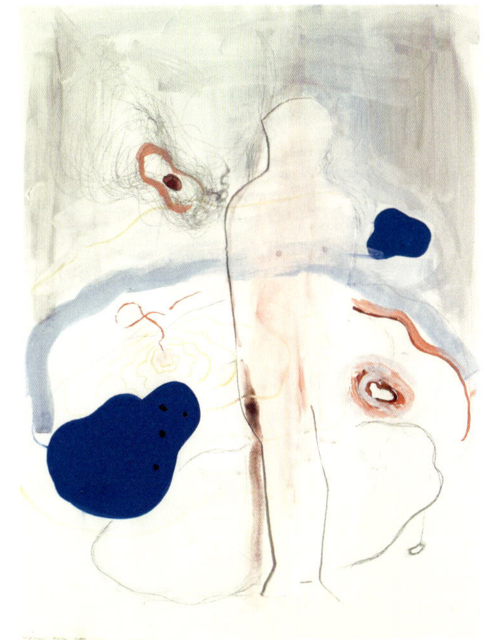

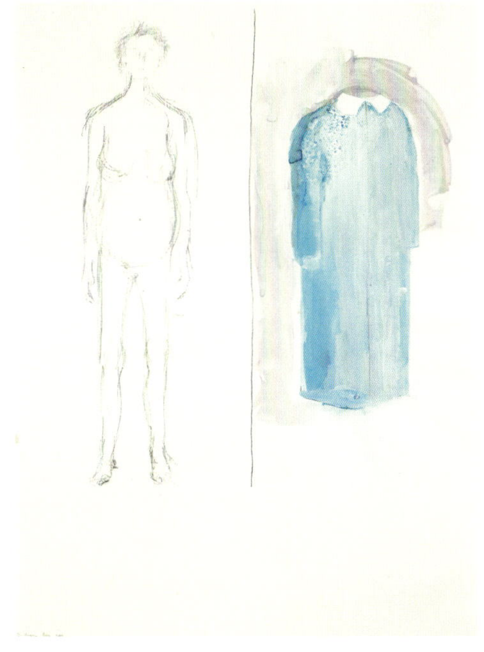

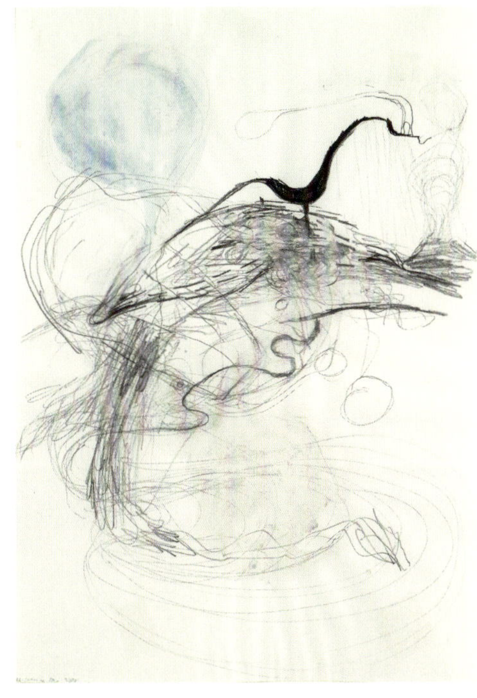

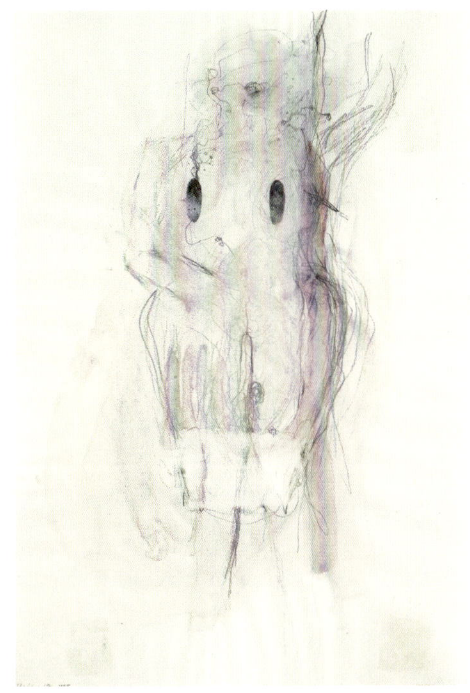

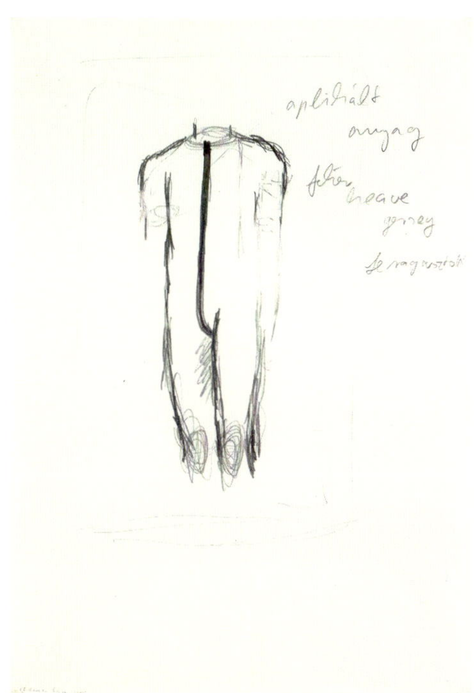

8.17, 8.23

8.21, 8.24

8.22, 8.25

9.1, 9.2, 9.5, 9.6, 9.8, 9.9, 9.10, 9.11, 9.12
R. Thinking / Dreaming about Overpopulation, 2001–2003

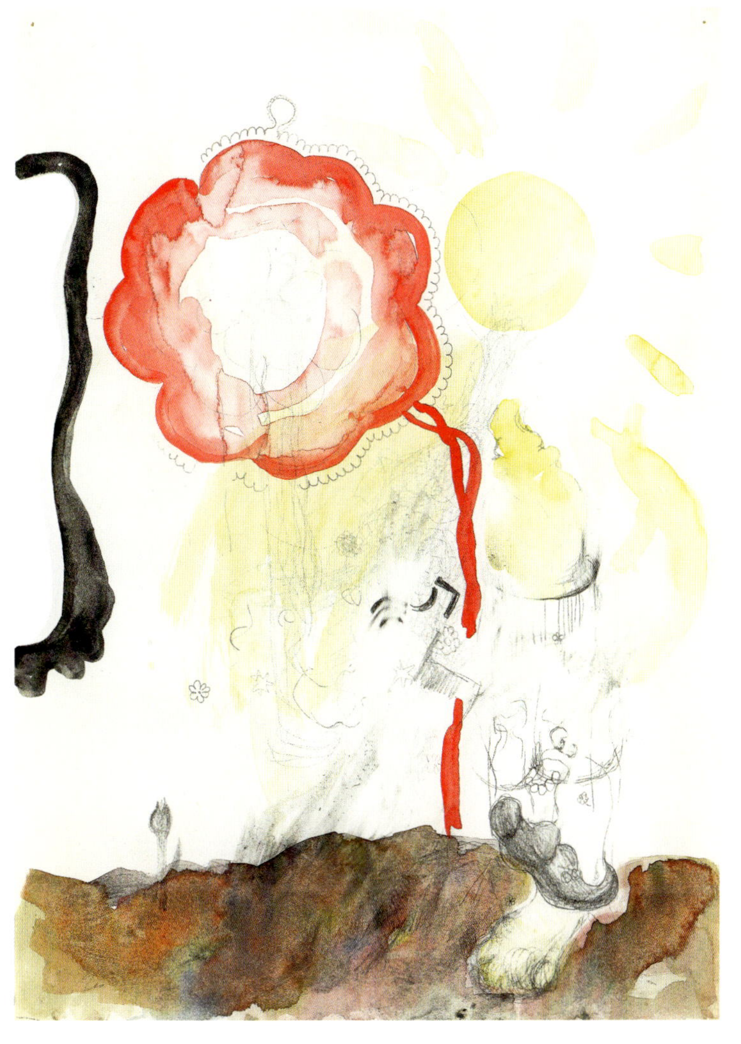

9.3

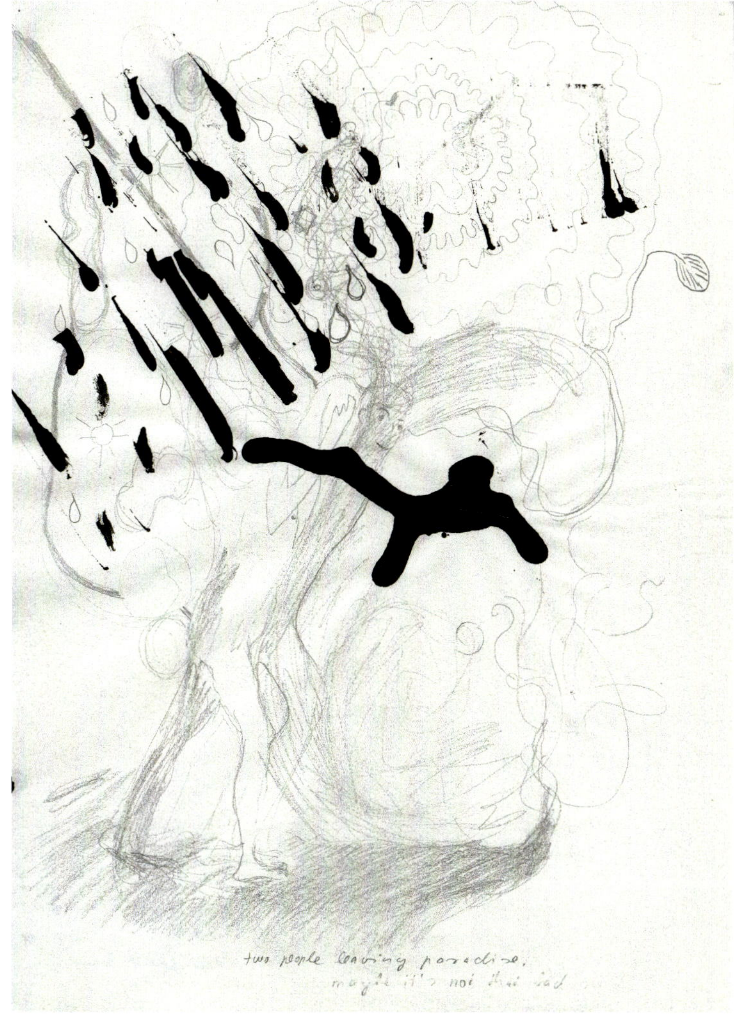

9.4

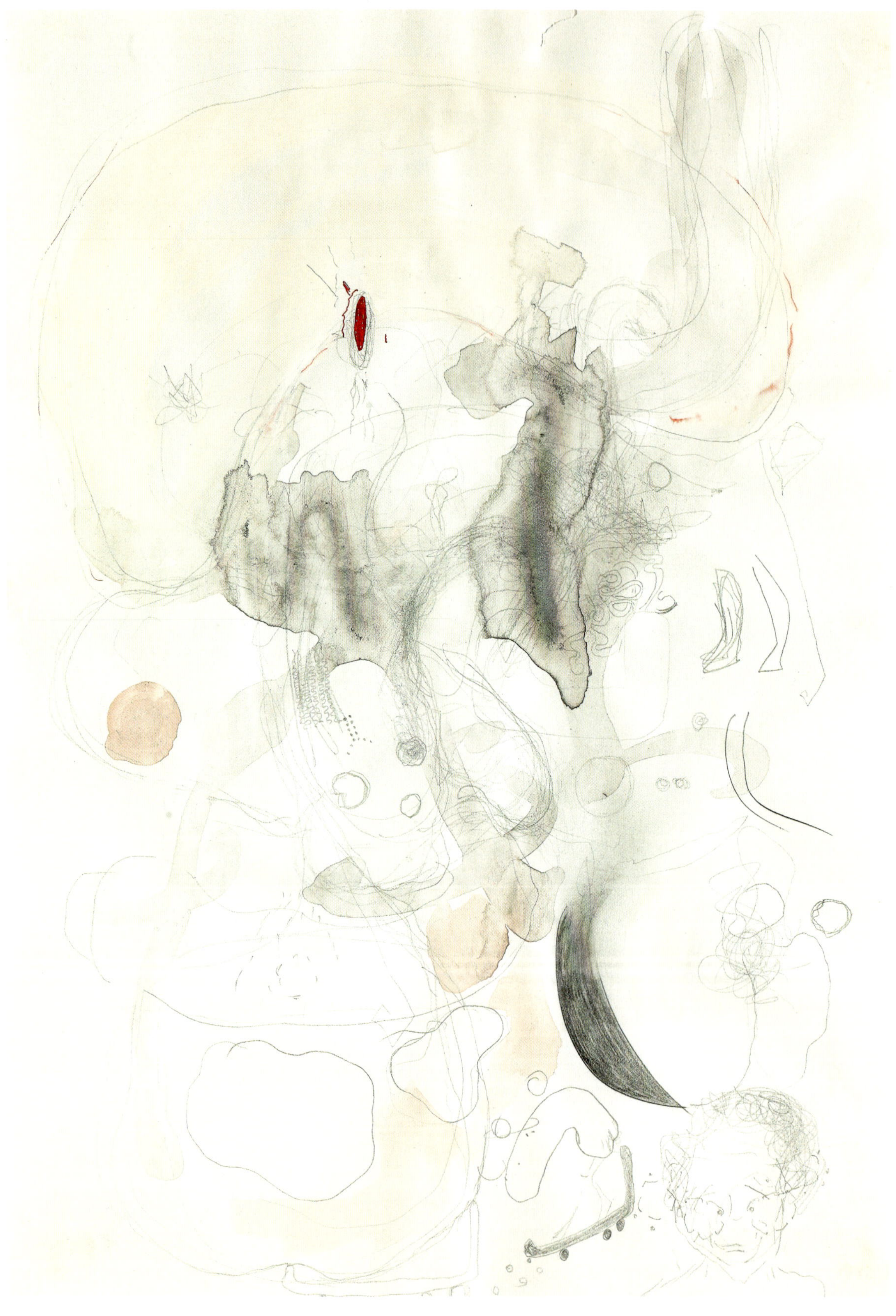

9.7

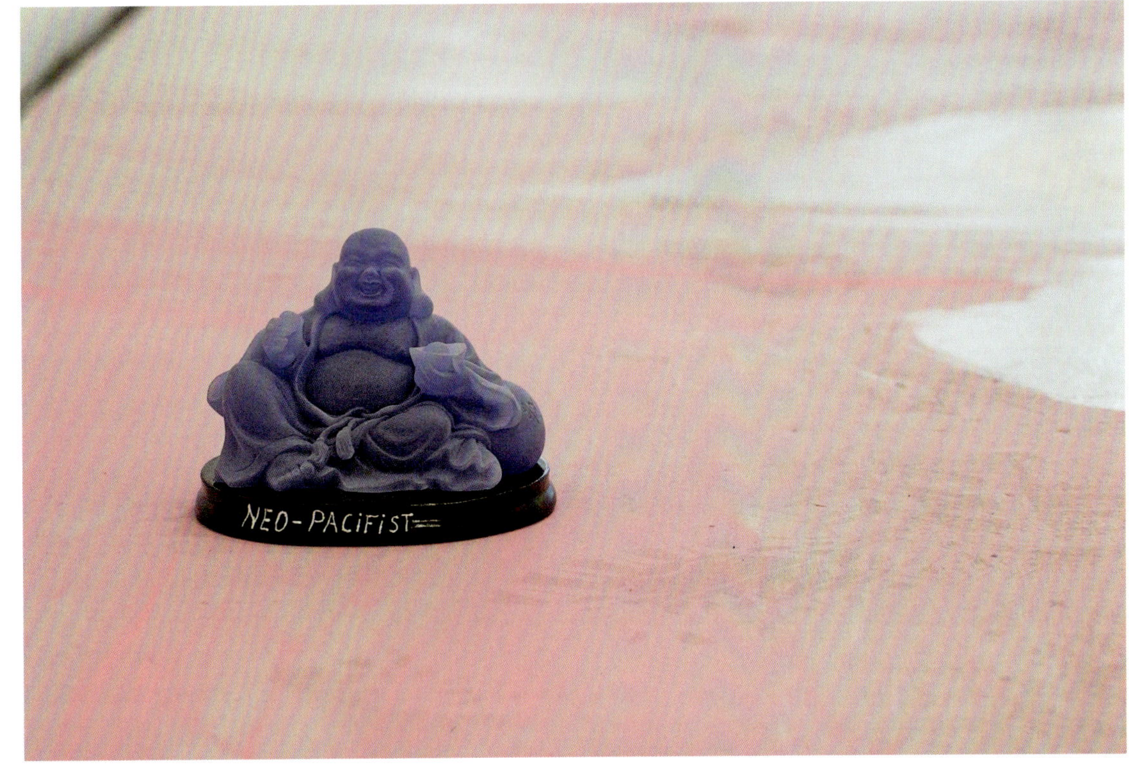

9.13
R. Thinking / Dreaming about Overpopulation, 2001–2003

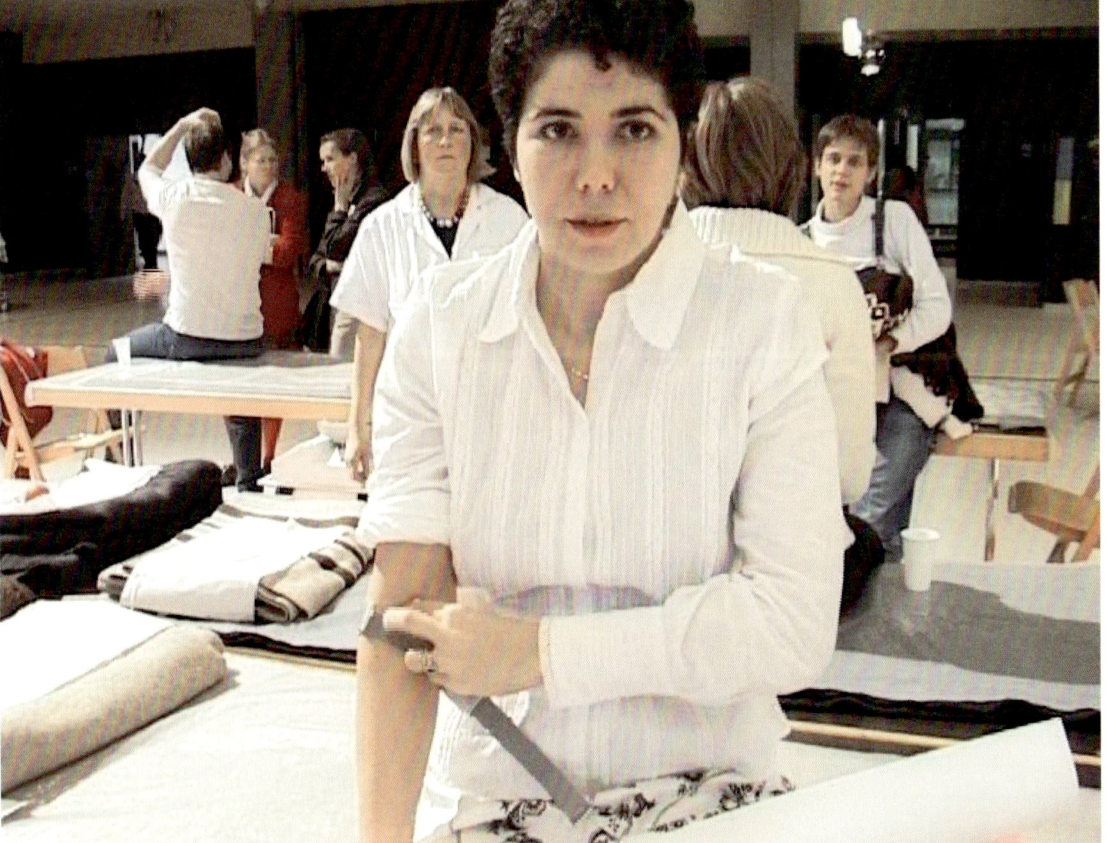

9.14
R. Thinking / Dreaming about Overpopulation, 2001–2003
(blood donation at the ETH Zürich 2002, film still)

»Ich zeichne unaufhörlich: Ich fühle mich nur gut, wenn ich den Tag mit Zeichnen beginne.«[1] Dies liess Róza El-Hassan 1997 verlauten, als sie den Ungarischen Pavillon in Venedig anlässlich der Biennale primär mit Zeichnungen bespielte. Das Zeichnen begleitet ihre Arbeit kontinuierlich und spielt phasenweise die Hauptrolle. Neben den auf Kontakt und Interaktion ausgerichteten Aktivitäten wie Lesungen, Performances und Aktionen stellt es eine intime künstlerische Praxis dar, die in der Zurückgezogenheit des Ateliers stattfindet. Zeichnen bedeutet für El-Hassan intuitives Erkunden des materiellen Prozesses, sei es mit Bleistift oder Pinsel auf Papier oder das Collagieren mit unterschiedlichen Materialien. Es beinhaltet die Erforschung des Raumes, sowohl in der Darstellung als auch in der Erweiterung der Zeichnung über die Papierfläche hinaus. Darin ist eine grundlegende Parallele zu ihrem plastischen Schaffen festzustellen. Ihre Arbeiten auf Papier fallen zudem durch Leichtigkeit und Fragilität auf. Sie lassen viel Leerraum, bleiben somit offen und provisorisch. Dies gilt auch für die Inhalte, die vor allem aus Fragen und Denkanstössen bestehen.

 Róza El-Hassan war in der ersten Hälfte der 1990er-Jahre nach einer (damals noch sehr traditionellen) Ausbildung an der Akademie in Budapest und einer Weiterbildung an der Städelschule in Frankfurt am Main von Anfang an intensiv zeichnerisch tätig. Das Medium Zeichnung hat in all seiner Vielfalt in den letzten zwanzig Jahren generell eine Neubelebung erfahren und heute gibt es mehr Künstlerinnen und Künstler, deren Hauptfokus auf der Zeichnung liegt, als dies früher denkbar gewesen wäre.[2] Diese Entwicklung hat ihre Ursprünge in den 1960er-Jahren, und deshalb ist es naheliegend, dass Róza El-Hassans Zeichnungen der ersten zehn Jahre auf die erweiterten zeichnerischen Möglichkeiten zurückzuführen sind, die Künstler wie Eva Hesse, Richard Tuttle oder Sol LeWitt zwischen 1965 und 1975 entwickelt hatten. Im Zuge der Entgrenzung der Medien war damals das Zeichnen grundlegend neu bewertet worden. Die bis zu diesem Zeitpunkt eher konservative Zeichenpraxis wurde langsam von den traditionellen materiellen Begebenheiten und Funktionen losgelöst, wodurch sich gänzlich neue Möglichkeiten eröffneten.[3] Seitdem müssen sich die diversen künstlerischen Medien nicht länger klar voneinander abgrenzen, sondern sie haben ihre Autonomie zugunsten der virtuosen und fruchtbaren Grenzüberschreitung aufgehoben.

 El-Hassan bedient sich unbeschwert unterschiedlichster Möglichkeiten: sei dies in Serien zu zeichnen oder die Wand als Träger zu benutzen, Zeichnungen im Raum fortzusetzen oder Papier als Material und nicht als Fläche zu begreifen. Allerdings zeichnet sie unter neuen Vorzeichen: Nicht mehr die konzeptuelle Objektivierung der künstlerischen Äusserung ist das Ziel oder eine grafologische und expressive Selbstdarstellung, sondern die Subjektivierung im Sinne einer Erforschung der individuellen und kulturellen Identität.

Anita Haldemann
Knäuel und Netzwerke.
Die Zeichnungen von Róza El-Hassan

"I am drawing incessantly: I feel good only when I start the day with drawing."[1] This was Róza El-Hassan's comment on her decision to fill the Hungarian Pavilion at the Venice Biennale in 1997 mainly with drawings. Drawing has always been part of her work, and there have been phases when it was the main part. Alongside activities based on contact and interaction, such as readings, performances, and "actions," it represents a more intimate artistic practice, taking place in the refuge of the studio. For El-Hassan, drawing means the intuitive exploration of the material process, whether on paper, using a pencil or brush, or creating collages out of a variety of materials. It also includes the exploration of space: both in the depiction itself and in the extension of the drawing beyond the surface of the paper. In this sense, there is a parallel with her sculptural work. Her drawings are conspicuous for their lightness and fragility; by leaving a great deal of empty space, they remain open and provisional. This is also true of the contents, which consist largely of questions and ideas.

Róza El-Hassan engaged very intensively in drawing from the outset. She began in the early nineties, following her (at the time still very traditional) training at the University of Fine Arts in Budapest and further studies at the Städelschule in Frankfurt am Main. Drawing as a medium with many aspects has generally undergone a revival in the last twenty years, and today there are more artists whose main focus is on drawing than would have been imaginable in the past.[2] This development has its origins in the sixties, and for this reason it is reasonable to suppose that Róza El-Hassan's drawings from the first ten years owe much to the extended possibilities developed by artists such as Eva Hesse, Richard Tuttle, and Sol LeWitt between 1965 and 1975. At a time when boundaries between the different media were being dissolved, drawing underwent a total reassessment. Previous, if anything conservative, drawing practice gradually became liberated from material constraints and traditional functions, opening up totally new possibilities.[3] Since then, the various artistic media have no longer been required to demarcate themselves clearly one from another; rather, they have surrendered their autonomy in favor of a virtuoso and fertile crossing of boundaries.

El-Hassan has no trouble making use of the many possibilities available, including drawing in series, using the wall itself as a picture support, continuing her drawings out into the room, or treating paper as a material and not just as a surface. However, she draws from a new perspective: Her aim is no longer the conceptual objectivization of the artistic statement, nor a graphological and expressive self-presentation, but rather subjectivization in the sense of an exploration of individual and cultural identity.

Tangles and Networks:
The Drawings of Róza El-Hassan

Versuchsanordnungen

Ein Trinkglas oder ein Stuhl wird aus seinem Alltagskontext herausgelöst, unter Spannung gesetzt und dadurch gleichzeitig jeglicher Bewegung entzogen, die zur Funktionalität dieser Objekte gehören würde (Kat. 58, Abb. S. 20). Die 1995 entstandenen »Stretched Objects« wirken wie Versuchsanordnungen oder wissenschaftliche Experimente. El-Hassan führt diese Experimente gerne ad absurdum, etwa indem sie einen Expander dehnt, dessen Funktion die Dehnung ist, der aber nun in einer bestimmten Position verharren muss.[4] Auf der frontalen fotografischen Abbildung des unter Spannung gesetzten runden Trinkglases erscheint die Öffnung oval, was durch die perspektivische Verkürzung zu erklären ist und nicht durch die Dehnung. Mit der Vorstellung, dass die Dehnung tatsächlich eine Verformung des Gegenstandes zur Folge haben könnte, spielt die Künstlerin etwa bei den geschwungenen Formen des Thonetstuhls, indem sie die Metalldrähte an den äussersten Punkten des Objektes befestigt (Abb. 1). So wird der Eindruck erweckt, dass die Beine unten vielleicht durch die Dehnung nach aussen gebogen wurden. Dieser Effekt wird noch deutlicher in einer Anordnung, die zwei Objekte beinhaltet, die nicht gedehnt, sondern lediglich an der Wand aufgehängt sind (Abb. 2). Ausgehend von El-Hassans »Stretched Objects« könnte man die Vorstellung entwickeln, dass der ovale Teller vor der Dehnung rund gewesen sei. Auf diese Art und Weise verwirrt sie den Betrachter durch präzis kalkulierte Unlogik und bringt ihn damit zum Überdenken seiner Erwartungen. Es handelt sich also auch um Versuchsanordnungen zur Wahrnehmung, an denen die Rezipienten teilnehmen.

Ebenfalls Mitte der 1990er-Jahre entstanden Zeichnungen, die Ideen für solche Objekte skizzieren (Kat. 1–4, 5 verso, Abb. S. 12–13, 19). Auf einer sechs Meter langen Papierbahn führte die Künstlerin das Thema weiter, indem sie links aussen einen Tisch zeichnete (Kat. 5, Abb. S. 15–18). Die Darstellung erinnert an Bruce Naumans Zeichnungen der 1960er-Jahre von imaginierten und teilweise auch verwirklichten Objekten und Plastiken. Er stellte sie dar, als würden sie bereits existieren, beispielsweise an einer Wand hängen und Schatten werfen (Abb. 3).[5]

Die genauere Betrachtung von El-Hassans Darstellung lässt einige Widersprüche erkennen: Der runde Tisch erscheint perspektivisch dargestellt als dreidimensionales, sorgfältig konstruiertes Objekt (die Konstruktionslinien sind sichtbar), das auf einem nicht näher definierten Boden steht und auf diesen einen Schatten wirft. Der Schatten würde eine ganz andere Form annehmen, wenn der Tisch an der Wand fixiert wäre. Durch die perspektivische Verkürzung erscheint die Tischplatte naturgemäss oval. Die Stahlseile, die für die Fixierung des Tisches als »Stretched Object« auf das Papier gezeichnet wurden, passen sich der perspektivischen Darstellung des Tisches nicht an, denn die Seile, die

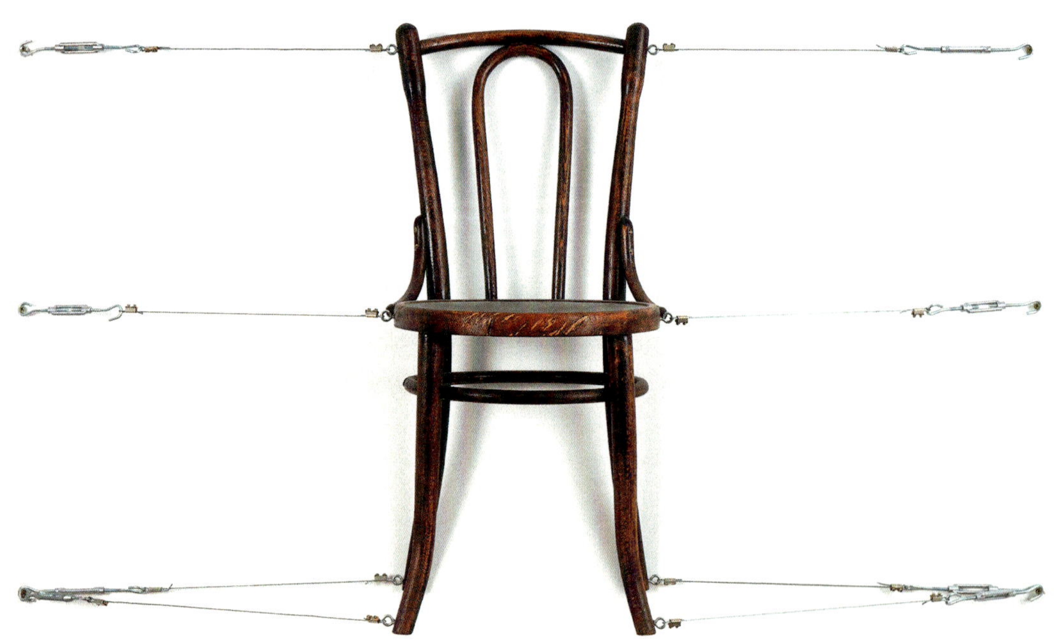

Experiments

A glass or a chair is removed from its everyday context, placed under tension, and thus deprived of any possibility of movement which might appertain to the functionality of the object of question (cat. 58, fig. p. 20). The "Stretched Objects" dating from 1995 come across as experimental arrangements or even scientific tests. El-Hassan likes to take these experiments to absurd extremes, for example by stretching an expander, whose function is to expand, but which must now maintain a particular position.[4] In the face-on photograph of the round tumbler under tension, the opening appears to be oval, but this effect is actually generated by the distorted perspective rather than by the tension. The artist plays with the idea that the stretching might really result in the deformation of the object when she takes the curved forms of a Thonet chair and fastens metal wires to the extreme outer points of it (fig. 1), thus creating the impression that the legs may really be being pulled apart as a result of the stretching. This effect is even clearer in an arrangement involving two objects which are not stretched but simply hung on the wall (fig. 2). On the basis of El-Hassan's "Stretched Objects," one might think that the oval plate had been round before the stretching. In this way, she uses a precisely calculated unlogic to confuse viewers, forcing them to revise their expectations. These are, in other words, also experiments in perception, in which the viewer is a participant.

In the mid-nineties she also produced drawings that sketched ideas for such objects (cat. 1–4, 5 verso, figs. pp. 12–13, 19). On a six-meter length of paper, the artist continued the theme by drawing a table at the leftmost end (cat. 5, figs. pp. 15–18). The depiction is reminiscent of Bruce Nauman's drawings of the sixties, showing imagined (and in some cases actually executed) objects and sculptures which he depicted as though they already existed, for example hanging on a wall and casting a shadow (fig. 3).[5]

A closer inspection of El-Hassan's drawing reveals certain contradictions. The round table seems to be drawn in perspective, as a three-dimensional, carefully constructed object (the construction lines are visible) standing on an undefined floor and casting a shadow on it. The shadow would have a quite different shape if the table were fixed to the wall. The perspective foreshortening makes the tabletop appear naturally oval. The steel cables used to fix the table as a "Stretched Object" were drawn on the paper, but do not fit in with the perspective depiction of the table, for the cables, which for example anchor the tabletop on both sides, would actually have to be fastened to the wall in the same place. (Compare this with the steel cables holding the Thonet chair, fig. 1.) The lines that hold the table in the drawing thus do not depict the cables, being nothing other than parallel lines "fastening" a pencil drawing to the paper. The spatial illusion arising from the perspective foreshorten-

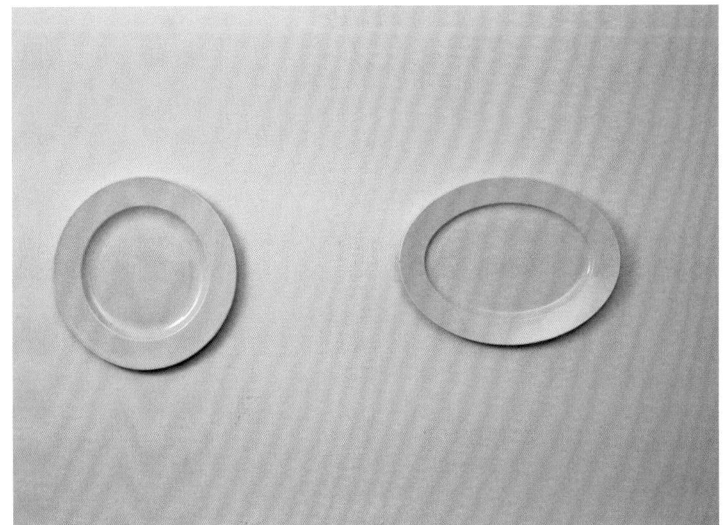

2 Plates, 1995, Privatsammlung // Private collection

beispielsweise auf beiden Seiten die Tischplatte fixieren, müssten eigentlich an der gleichen Stelle der Wand befestigt sein. (Man kann dies mit den Stahlseilen vergleichen, die den Thonetstuhl halten, Abb. 1.) Die Linien, die den Tisch in der Zeichnung festhalten, stellen also nicht Fixierungsseile dar, sondern sind nichts als parallele Linien, die eine mit Bleistift gezeichnete Fläche auf dem Papier verankern. Die räumliche Illusion, die durch die perspektivische Verkürzung und den Schattenwurf des Tisches zustandekommt, wird durch ein paar Linien wieder aufgehoben. Dabei wird die Aufmerksamkeit auf das Papier als Zeichengrund gelenkt. Dass es sich nicht um die illusionistische Wiedergabe eines »Stretched Object« handelt, wird zusätzlich dadurch betont, dass die Form, die der Schatten auf dem Papier annimmt, gleich wie der Tisch als physisches Objekt aufgefasst und ebenfalls von Parallellinien gehalten wird. Würde es sich um die Darstellung von Verstrebungsseilen handeln, müssten sie wie der Schatten ebenfalls verzerrt sein.

Rechts neben dem Tisch hat El-Hassan die Form des Schattens wieder aufgenommen, vergrössert und ebenfalls in der Ebene durch Linien verstrebt. Hier zeichnet sie aber den Schatten mit weicherem Grafit viel dunkler, sodass er eine körperliche Präsenz erhält, fast organisch wirkt. Die körperhafte Illusion wird dadurch unterstützt, dass die Verstrebungslinien sich gewebeartig zwischen den Schattenformen der Tischbeine und -platte verbreitern.

Während die ausgeführten »Stretched Objects« an der Wand zwischen Alltags- und Kunstobjekt, zwischen Dynamik und Statik verharren, bleibt das gezeichnete Objekt zwischen einer flächigen Anordnung von Markierungen auf der Oberfläche des Papiers und der fiktiven Dreidimensionalität gefangen. Das Medium der Zeichnung demonstriert mit diesen »Dehnübungen für das Gehirn«[6] ganz andere und – man kann sagen – mehr Möglichkeiten, mit der Wahrnehmung zu spielen, als die realen Objekte an der Wand hergeben.

Die Zeichnung auf der langen Papierrolle ist aus praktischen Gründen auf dem Fussboden entstanden. Diese materielle Bedingung korreliert mit der Tatsache, dass der gedehnte Tisch in der Zeichnung zwar einen Schatten auf den Fussboden zu werfen scheint. Es gibt aber keine Hinweise auf einen bestimmten Raum. Die Vorstellung eines Fussbodens wird lediglich durch den Tisch und seinen Schatten suggeriert. Die Darstellungen schweben auf dem Papier ohne präzise Verortung. Eszter Babarczy hat die richtigen Fragen formuliert, die sich hier stellen: »Was kann man erscheinen lassen, und was kann man nur denken? Und wie kann man das erscheinen lassen, was sich nur denken lässt?«[7]

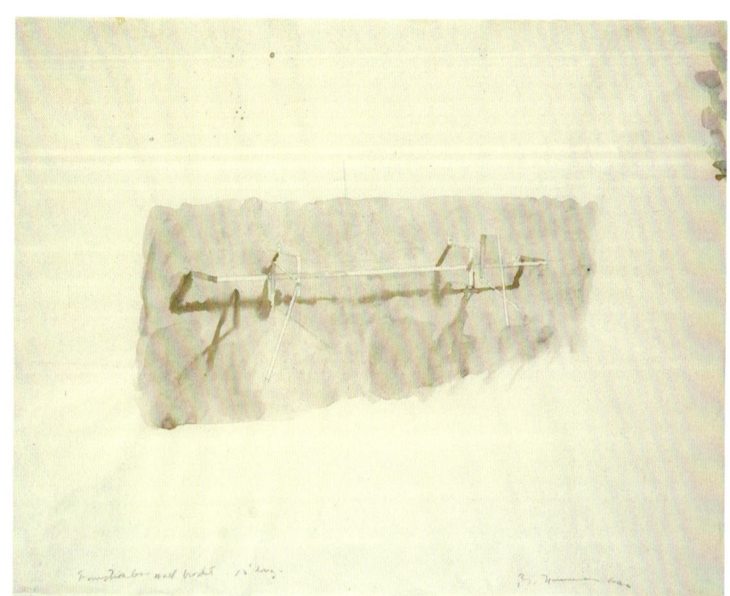

ing and by the shadow thrown by the table is dissipated once more by a few lines. In the process, the viewer's attention is directed toward the paper as the drawing surface. That it is not an illusionist depiction of a "Stretched Object" is further emphasized by the fact that the shape of the shadow on the paper is perceived, like the table, as a physical object, and likewise held by parallel lines. If this were really the depiction of bracing cables, they should, like the shadow, be distorted.

To the right of the table El-Hassan has taken up the shape of the shadow, enlarged it, and likewise braced it in the plane through the use of lines. Here, though, she uses softer graphite to make the shadow much darker, so that it takes on a corporeal presence and comes across as almost organic. The optical appearance becomes a physical illusion. This effect is enhanced by the fact that the bracing-lines spread out like a weave between the shadows of the legs and the top of the table.

While the "Stretched Objects" as executed hang motionless on the wall with a status somewhere between everyday objects and artworks, between dynamics and statics, the drawn object remains caught between a two-dimensional arrangement of marks on the surface of the paper and fictitious three-dimensionality. The medium of drawing demonstrates with these "stretching exercises for the brain"[6] quite different, one might say more, possibilities of playing with perception than do the real objects on the wall.

For practical reasons the drawing on the long roll of paper was executed on the floor. This material condition correlates with the fact that the stretched table in the drawing, while seemingly casting a shadow on the floor, gives no indication of a particular room, and the idea of a floor is suggested merely by the table and its shadow. The depictions hover on the paper with no precise location. Eszter Babarczy posed the questions that we can rightly ask here: "What can one reveal, and what can one just think? And how can one reveal what can only be thought?"[7]

Networks

A different direction, namely that leading to the "Tangle Drawings" of 1997, is indicated by the inverted tumbler depicted further to the right on the long roll of paper; it consists of gentle elliptical bundles of lines that do not really reproduce the consistency of glass (cat. 5, fig. p. 16). In addition, the glass is diagonally distorted, as though some shear forces were at work. Here we see the manifestation of the dynamic pencil-work that was soon to become more dominant in El-Hassan's works. Chronologically, however, these were preceded by the group known as "Networks" (fig. 4).[8]

Verflechtungen

In eine andere Richtung, nämlich bereits in jene der »Knäuelzeichnungen« von 1997, weist das auf dem Kopf dargestellte
Trinkglas weiter rechts auf der langen Papierrolle, das aus
sanften elliptischen Linienbündeln besteht, die nicht wirklich
die Konsistenz von Glas wiedergeben (Kat. 5, Abb. S. 16).
Das Glas ist zudem diagonal verzogen gezeichnet, als ob hier
eine schräg verzerrende Dehnung gewirkt hätte. In diesem
Bereich manifestiert sich ein dynamischer Duktus, der schon
bald in El-Hassans Werken dominanter werden sollte. In
der chronologischen Entwicklung entstand aber zunächst
die Werkgruppe der »Netzwerke« (Abb. 4).[8]

El-Hassan begann diese Zeichnungen 1994: »Ich
habe es so gemacht, dass ich Reihe für Reihe entlanggegan-
gen bin [...] Manchmal sind es zwei Gewebe, eines mit kleinen und eines mit gröberen Löchern, und manchmal gibt es
Überlappungen. Natürlich ist vor allem das Warten in ihnen
[...]. Zeit-Zeichnungen«.[9] Dieses Einschreiben des subjektiven
Zeitempfindens steht im Zusammenhang mit der damaligen
Schwangerschaft der Künstlerin und dem Warten auf die Ge-
burt. Dem Prozess des Schreibens ähnlich, setzte sie Strich
um Strich, Reihe um Reihe und webte damit Netze. Sie zeichnete systematisch, aber mit der freien Hand und nicht nach
strengen Regeln, wie sie etwa Künstler der Minimal Art für
Gitter- und ähnliche Strukturen festlegten (Abb. 5).[10] El-Hassans mit Bleistift gezeichneten Netze haben keine klaren
Konturen. Die Unregelmässigkeit, die stellenweise gar chao-
tischen Charakter annimmt, die Ausdehnungen und Ver-
dichtungen, die einem wachsenden, organischen Gewebe
gleichen, sind weit entfernt von einer ornamentalen Ästhe-
tik oder einer geometrischen Ordnung.

El-Hassans Netze sind nicht starr, sondern viel-
schichtig, beweglich und brüchig. Sie sind damit den offen
angelegten Installationen mit herabhängenden Schnüren
oder Seilen von Eva Hesse aus den 1960er- und 1970er-Jah-
ren verwandt.[11] El-Hassan begegnete dem Werk von Hesse
erst später. Trotzdem kann man eine Ähnlichkeit in der Art
beobachten, wie der biografisch-emotionale Kontext das
Werk der Künstlerinnen beeinflusst hat. Bei Hesse sind die
Kabel und Seile Metaphern der sozialen Verbundenheit, die
sich absetzen vom männlich konnotierten Mythos der durch
Isolation und Einsamkeit geprägten künstlerischen Praxis
der Moderne.[12] Auch El-Hassans »Netzwerke« sind nicht nur
formal motivierte lineare Strukturen, sondern versinnbild-
lichen ebenfalls soziale Verflechtungen, die aber instabil sind,
immer wieder von neuen Verbindungen überlagert, abgelöst
und erweitert werden.

Das Ausradieren oder Verwischen, das El-Hassan
in diesen Netzwerk-Zeichnungen oft unternimmt, wurde zwar
in der Zeichentradition als Mittel der Helldunkel-Modellie-
rung angewendet, aber im Zusammenhang mit linear domi-
nierten Werken wird das Ausradieren eher negativ, als Fehler

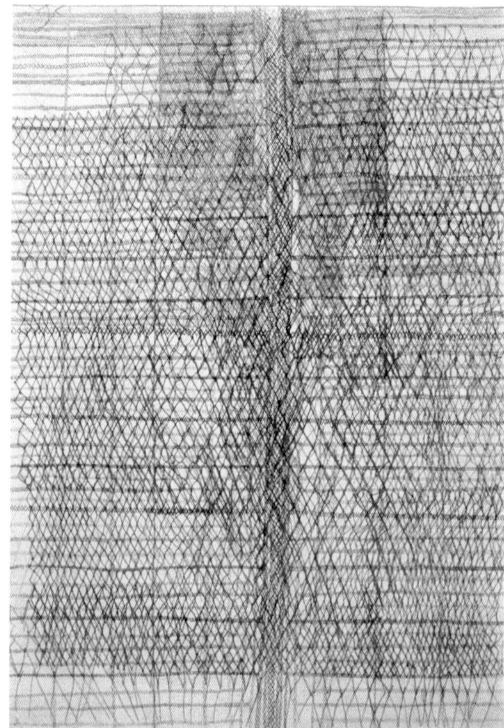

4 Untitled (aus der Serie // from the series "Networks"), 1995

El-Hassan began these drawings in 1994: "I did it row by
row ... Sometimes there are two webs, one with small and
one with coarser holes, and sometimes there are overlaps.
Naturally, the idea of waiting is in all of them ... [they are]
time-drawings."[9] This inclusion of the subjective sensa-
tion of time is linked to the artist's pregnancy: she was waiting for the birth. As when writing, she placed stroke next
to stroke, row next to row, and thus wove nets. She drew
systematically, but freehand and not according to strict rules
of the sort laid down, for example, by exponents of Minimal Art for grids and similar structures (fig. 5).[10] El-Hassan's
pencil-drawn nets have no clear contours. The irregularity,
which in places becomes quite chaotic, the expansions and
compressions that resemble a growing, organic web are
far removed from any ornamental aesthetic or geometric
arrangement.

   El-Hassan's nets are not rigid, but many-layered,
mobile, and friable. They are thus related to the open structures of Eva Hesse's installations, with hanging cords or
cables, dating from the sixties and seventies.[11] El-Hassan only
encountered Hesse's work later, but nonetheless it is possible to observe a similarity in the way the biographical emotional context has influenced the work of both artists. In
Hesse's case, the cables are metaphors for social solidarity,
a deliberate demarcation from the myth, with its masculine
connotations, of a Modernist artistic practice characterized
by isolation and loneliness.[12] El-Hassan's "Networks," too,
are not just formally motivated linear structures, but likewise symbolize social entanglements, albeit in her case un-
stable ones that are repeatedly overlaid, replaced, and
extended by new connections.

   Erasing and blurring—common features of these
Network drawings by El-Hassan—have long been used in the
drawing tradition as a means of dark-light modeling. But in
works dominated by lines, erasure becomes more negative
than positive, seen as the correction of an error or even as
a sign of indecision and doubt. El-Hassan exploits precisely
this indeterminate quality in order to emphasize the transi-
tory aspect both of the drawing process and of social links.
Older and deeper "layers" of graphite lines remain recogniz-
able, albeit fragmentarily, like archaeological remains.

   In 1997 El-Hassan drew net structures and whorls
on the walls of the Mala Galerija in Ljubljana (fig. 6), which,
after the thirty-day exhibition, were overpainted once more
and thus lost forever. A repetition of the drawing was not
part of the plan, in contrast to Sol LeWitt, who not only is-
sued definite instructions but had other people execute the
drawings. The documentary photographs show merely fragments of the room and allow only an inkling of the appearance and effect of the mural (parts of which are scarcely visible). This kind of drawing demands the physical presence
of the viewer in the exhibition room. The room really did play

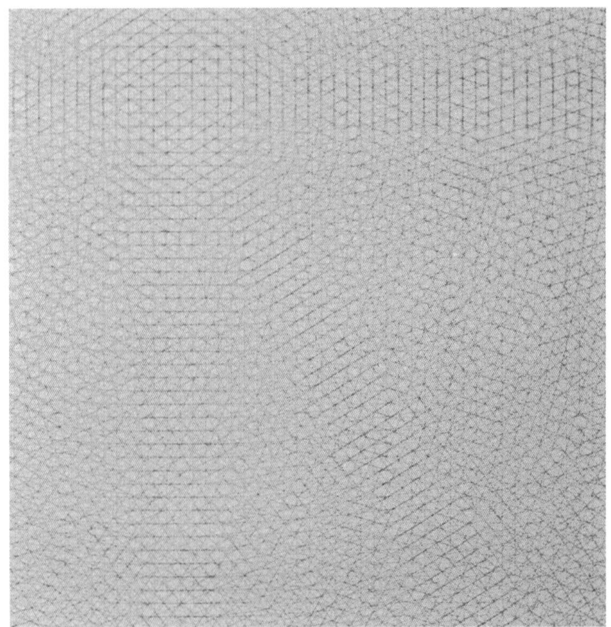

5 Sol LeWitt, Circles, Grids and Arcs from Four Corners and Four Sides (ACG 195), 1973/74 (Ausschnitt // detail), Kunstmuseum Basel

und Korrektur oder gar als Unentschlossenheit und Zweifel
bewertet. El-Hassan nutzt genau diese Unbestimmtheit,
um das Transitorische des zeichnerischen Prozesses sowie
der sozialen Verflechtungen zu betonen. Ältere und tiefere
»Schichten« von Grafitlinien bleiben – ähnlich archäologi-
schen Spuren – fragmentarisch erkennbar.

1997 zeichnete El-Hassan Netzstrukturen und Wirbel auf die Wände der Mala Galerija in Ljubljana (Abb. 6), die
nach der 30-tägigen Ausstellung wieder übermalt wurden und
somit endgültig verloren sind. Eine Wiederholung der Zeichnung war – anders als bei Sol LeWitt, der nicht nur Instruk-
tionen definierte, sondern andere die Zeichnungen ausführen
liess – nicht vorgesehen. Die dokumentarischen Fotografien
geben nur Fragmente des Raumes wieder und ermöglichen
lediglich eine Ahnung vom Aussehen und von der Wirkung der
teilweise kaum sichtbaren Wandarbeit. Diese Art der Zeichnung erfordert die physische Präsenz des Betrachters in der
Ausstellung. Der Raum spielte tatsächlich eine wesentliche
Rolle, wie der Kurator Igor Zabel überliefert: »Die Zeichnungen konzentrierten sich auf eine Ecke des Raumes, manche
sehr zart, kaum sichtbar, andere stärker, aber versteckter.
Der Rest des Galerie-Kubus war angefüllt mit Leere und Weiß.
Es schien, als hätte sich das Weiß vervielfältigt, es füllte
nahezu physisch den Raum aus und machte ihn gleichzeitig
leerer (und sicherlich auf eine andere Weise leer), als es
ein leerer Galerieraum je sein könnte.«[13] Die Bleistiftlinien

und die wenigen Drähte, die die Linien in den Raum hinaus
weiterführen,[14] sind zwar auf den weiss gestrichenen Wänden
angebracht, aber diese Wand hat eine andere Funktion als
das bewegliche Blatt Papier. Die Wand als architektonische
Raumbegrenzung verschafft der Zeichnung eine unmittelbare
räumliche Präsenz.

Knäuel

Anfang 1997, noch vor der Ausstellung in Ljubljana, führte
El-Hassan die 18-teilige Serie von »Knäuelzeichnungen« aus
(Kat. 6.1–6.18, Abb. S. 22–29). Auf A4-Blättern entfaltet
sich eine enorme Dichte an dynamischen, wuchernden, dann
wieder zartesten und schwungvollen Linien. Diese leben-
digen Knäuel oder Wucherungen wirken einerseits eher floral,
andererseits wie elektrisiert oder organisch schwebend. Die
dichtesten Wirbel, aber auch die wenigen Blätter, die spar-
sam mit Linien bestückt sind, weisen eine erstaunliche Tiefe
und doch räumliche Unklarheit auf. Man kann diverse Qua-
litäten, Grössen und Formen von Linien, Kringeln und Strichen
auf kleinster Fläche registrieren. Die wirbelnden Linien sind
aber derart ineinander verwoben – hier drängt sich wieder die
Vorstellung von Gewebe auf –, dass es meist schwierig zu
entscheiden ist, welche Strukturen tiefer liegen, welche im
Vordergrund platziert sind oder welche Linien zuerst und welche später entstanden sind.

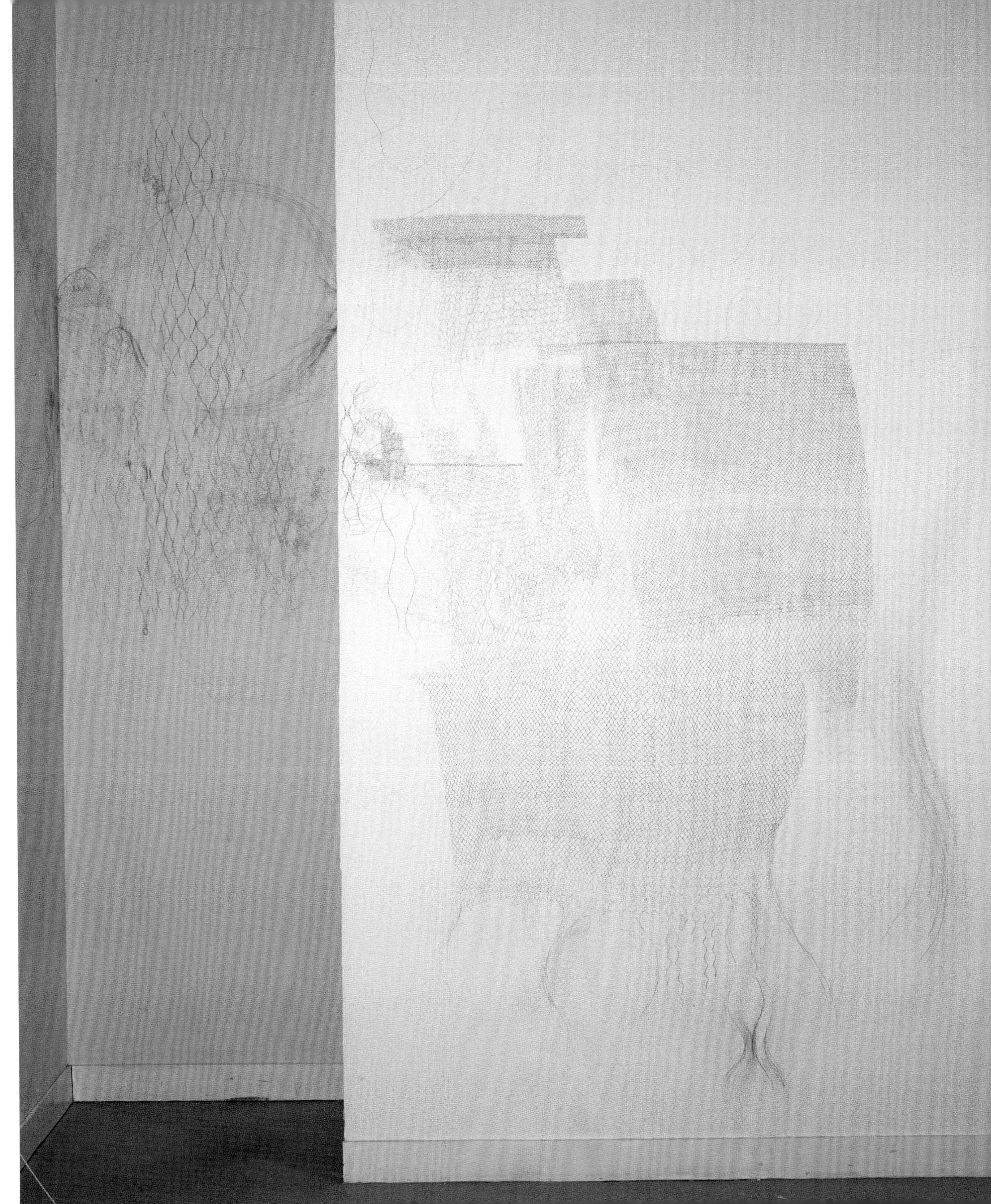

Das Auge verliert sich in all den Markierungen, folgt einer Linie, um gleich eine andere Spur zu verfolgen. Es gibt keine Fixpunkte oder Ruhepole (ausser vielleicht in Kat. 6.7 und 6.9, Abb. S. 24, 26), sondern das Auge wandert immer weiter, bleibt zwar ab und an in verdichteten Knäueln hängen, findet aber immer einen neuen Weg. Sollte sich die Betrachtung eines Blattes doch erschöpfen, wartet daneben bereits das nächste. Die zeitliche Dimension des Zeichnungsprozesses wird im einzelnen Blatt und in der Folge als Ganzes deutlich spürbar. Dabei ist zu beobachten, dass El-Hassan den Blattrand in der Regel so sehr respektiert, dass sich die Unordnung der Linien nur bis zu einer sicheren Distanz zum Rand entfaltet. In wenigen Fällen rast eine Linie über das Papier hinaus, manchmal scheint sie sogar oben links in der Ecke zu beginnen, um nach einem langen Prozess rechts unten das Blatt wieder zu verlassen (Kat. 6.8, 6.10, Abb. S. 25, 26).

Der Radiergummi spielt auch hier eine Rolle. Entweder wurden Linien damit verwischt und erhalten deshalb einen undeutlichen Charakter (Kat. 6.7, 6.14, Abb. S. 24, 27), oder dichte, mit Linienstrukturen gefüllte Blätter werden sozusagen aufgehellt, indem mithilfe des Radiergummis Linien gezogen wurden. Es fällt auf, dass gerade das letzte Blatt der Serie eine ursprünglich sehr dichte und damit auch dunkle, auf dem Quadrat basierende Struktur aufwies, die beinahe das ganze Blatt bedeckte, aber fast ganzflächig ausradiert – oder negiert – wurde (Kat. 6.18, Abb. S. 29).

So wie sich die »Netzwerkzeichnungen« von den strengen Rastern der Minimal Art distanzieren, so eigenwillig sind die »Knäuelzeichnungen«, die nicht die expressive Geste zelebrieren, sondern das dynamische Kritzeln auf engem Raum. Die Écriture automatique der Surrealisten scheint den Charakter der Blätter am besten zu umschreiben. Stellen sie aufwühlende Gedankengänge, Geistesblitze oder die vertrackten Wege des Unbewussten dar? Als sich Róza El-Hassan in einer Zeichnung der tagebuchartigen Notate von 2002/03 als sich schämende Frau darstellte, tat sie dies in Form einer Aktfigur (Kat. 43, Abb. S. 86). Ihre Gebärmutter wächst als langer Schlauch herausgestülpt aus der Schamgegend zum Kopf hoch. Dort ragen die Eierstöcke wie gigantische Ohren in Form von Spiralen auf beiden Seiten hinaus. Der innere Zustand der Scham, der sich auf körperlich-biologische Vorgänge oder Bedürfnisse zu beziehen scheint, äussert sich auf dem Papier in Form einer in sich verdrehten und eigenartig verknoteten Figur. Zugleich stellt die komplexe Form keinen endgültigen Knoten dar. Vielmehr kann sie auch als sich entfaltende Pflanze gesehen werden, deren Potenzial im Wachstum und im sinnlichen Aufblühen steckt. So kommt auch hier die Ambivalenz eines Zustandes in Form einer Verknotung zum Ausdruck.

an essential role, as the curator Igor Zabel recalls: ". . . the drawings were concentrated in one corner of the space, some of them very subtle, barely visible, others stronger, but more hidden. The rest of the gallery cube was filled with emptiness and its own whiteness. It seemed as if this whiteness had been multiplied, it was filling up the space almost materially, making it even more (and certainly differently) empty than just an empty gallery space."[13] Although the pencil lines and the few wires that continue the lines out into the room[14] are visible against the white of the wall, this wall has a different function from that of a movable sheet of paper. The wall as an architectural boundary defining a room creates a direct spatial presence for the drawing.

Tangles

In early 1997, even before the exhibition in Ljubljana, Róza El-Hassan executed the eighteen-part series of "Tangle Drawings," whose order she established herself (cat. 6.1–6.18, figs. pp. 22–29). On A4 sheets of paper, an enormous concentration of dynamic, luxuriant, pulsing, yet delicate and exuberant lines unfolds. These vibrant tangles sometimes come across as floral, sometimes as electrified, sometimes as organically floating. Not only the densest whorls, but also the few drawings with only a few lines, evince an astonishing depth, and yet at the same time spatial ambiguity. It is possible to register a wide range of qualities, sizes, and shapes of lines, squiggles, and strokes in just a small area. The whirling lines, though, are so interwoven (again suggesting the idea of texture) that it is mostly difficult to decide which structures are lower down, which are placed in the foreground, or which lines were drawn first and which later.

The eye gets lost in all the markings, pursues one line, only then to follow another trail. There are no fixed points or areas where the eye comes to rest (except perhaps in cat. 6.7 and 6.9, figs. pp. 24, 26); rather, the gaze wanders further and further, perhaps coming to a halt now and then in the particularly dense tangles, but always finding a new path. And should the eye run out of things to look at in one drawing, then the next one is ready and waiting. The temporal dimension of the drawing process is clearly palpable in both the individual sheets and in the series as a whole. In the process, it should be noted, El-Hassan respects the edge of the paper so much that the disorder of the lines only unfolds to within a safe distance of it. In a few cases, a line shoots out across the edge of the paper; sometimes, even, it seems to start in the top left-hand corner, only to leave the paper again, after a lengthy process, bottom right (cat. 6.8, 6.10, figs. pp. 25, 26).

The eraser plays a role here, too. Either it is used to blur lines, giving them an unclear character (cat. 6.7, 6.14, figs. pp. 24, 27), or else dense sheets filled with linear struc-

Von der Wand in den Raum

El-Hassan zeigte die 18 »Knäuelzeichnungen« erstmals bei
der Biennale von Venedig von 1997. Im Ungarischen Pavillon
hingen sie ungerahmt neben einer 5 × 11 Meter grossen Netz-
und Knäuelzeichnung, die direkt auf die Wand gezeichnet
war (Abb. 7, 8). Die Wandarbeit entfaltete sich mithilfe von
Drähten in den Raum, die aus der Wand hinausragten. Diese
Drähte reichten bis auf den Fussboden, bildeten kleinere
und grössere Knäuel, die zum Teil auch ohne Verbindung zur
Wand auf dem Boden lagen. Die räumliche Komplexität der
»Knäuelzeichnungen« wurde dadurch im wirklichen Raum fort-
gesetzt. So verband El-Hassan ihre Zeichnung auf überzeu-
gende Art und Weise mit der Plastik.

Bereits 1968 führte Sol LeWitt eine autonome
Zeichnung direkt auf der Wand aus.[15] Richard Tuttle ist mit
seinen 48 »Wire Pieces« von 1972 hervorzuheben, da er
die Bleistiftlinie nicht nur durch den in den Raum greifenden
Draht »materialisierte«, sondern auch den Schatten, den dieser auf die Wand wirft, als drittes Element in die Gestaltung
einbezog.[16] Die bereits erwähnte Eva Hesse schuf subtile
Mischformen von Zeichnung und Plastik in Form von Reliefs
und Rauminstallationen. Das Erweitern der Zeichnung durch
alltägliche Materialien wie Drähte und Seile erleichterte diesen Künstlern die erwünschte Abwendung von Meisterschaft,
Festlegung und Kontrolle, dadurch auch die Befreiung von
der eigenen Identität.[17]

Róza El-Hassans Wandzeichnungen sind ohne die Vorgän-
ger nicht denkbar, doch handelt es sich bei ihr um einen völlig
anderen Ansatz. Die 5 × 11 Meter grosse Wandzeichnung
in Venedig entstand nicht nach Plan, aber auch nicht impul-
siv. Die Linien waren in grösster Konzentration präzise und
kontrolliert gezogen. Dieser Prozess erforderte viel Zeit und
den Einsatz des ganzen Körpers. Auch bei dieser Grössen-
ordnung findet diese Art des Zeichnens mit dem Bleistift in
der Versunkenheit statt. Die Wandzeichnung bleibt in ihrer
Zurückhaltung der feinen Grafitlinien so intim wie die kleinen
Blätter, die man aus der Nähe anschauen muss. Die Linie
kommt hier nicht als expressive Geste oder identitätsstiften-
de Handschrift zum Einsatz, sondern als Teil von Knäueln,
die sich ähnlich der »Stretched Objects« und den »Netzwerken« als Metapher eines Zwischenzustandes beschreiben
lassen.[18] Knäuel sind nicht starr wie Knoten, können entwirrt
oder festgezogen werden, lassen sich fortsetzen oder auf-
lösen.

El-Hassan hat gezielt den Raum als solchen in ihre
Inszenierung einbezogen, indem sie einerseits die Wandzeichnung nach rechts durch die 18 kleinen Blätter ergänzte
und diese auch an der sich anschliessenden Wand, über
die Ecke hinweg, hängte (Abb. 8). Dadurch entstand ein Kon-
tinuum zwischen der Wand und den Blättern. Andererseits
führten die Drähte aus der Wand in den Raum und auf den
Fussboden. So entstand in der Gesamtheit ein »Environment«,

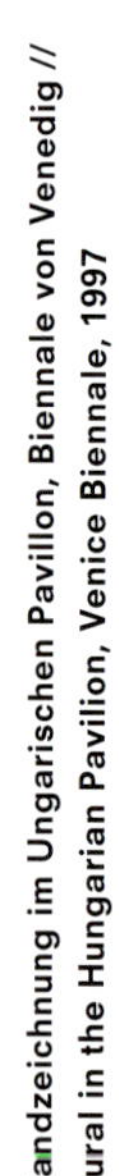

tures are, so to speak, lightened up by "drawing" lines with the eraser. It is striking that precisely the final drawing in the series originally evinced a very dense, and thus dark, structure based on a square, which covered almost the entire paper, but was then almost completely erased, or negated (cat. 6.18, fig. p. 29).

Just as the "Network Drawings" distance themselves from the austere grids of Minimal Art, the "Tangle Drawings" are idiosyncratic, celebrating not the expressive gesture, but dynamic scribbling. The écriture automatique of the Surrealists seems best to paraphrase the character of these drawings. Do they represent turbulent trains of thought, flashes of insight, or the perplexing paths of the unconscious? When El-Hassan, in a drawing in the diary-like notes of 2002/03, depicted herself as an ashamed woman, she did so in the form of a nude (cat. 43, fig. p. 86). Her womb grows, as a long tube, from the genital area to the head, where the ovaries project in the form of spirals like gigantic ears on either side. The inner state of shame, which seems to be based on biological processes or needs, is expressed on paper in the form of a strangely knotted figure turned in on itself. At the same time, the complex form does not represent a definitive knot. Rather, it can also be seen as an unfolding plant whose potential lies in its growth and in its sensuous flowering. Thus here, too, the ambivalence of a condition finds its expression in the form of a knotted figure.

From the Wall out into the Room

El-Hassan first showed the eighteen "Tangle Drawings" at the 1997 Venice Biennale. In the Hungarian Pavilion they were exhibited next to a five-by-eleven-meter net-and-tangle drawing done directly on the wall (figs. 7, 8). The mural "unfolded" with the help of wires projecting out into the room. These wires reached down to the floor, forming larger and smaller tangles, some of which just lay on the floor without any connection to the wall. The spatial complexity of the "Tangle Drawings" was thus continued out into the real room. In this way El-Hassan convincingly connected her drawing with sculpture.

As early as 1968, Sol LeWitt executed an autonomous drawing directly on a wall.[15] Also to be mentioned in this connexion is Richard Tuttle with his forty-eight "Wire Pieces" dating from 1972, as he not only "materialized" the pencil line via the wire extending out into the room, but also integrated the shadow cast by the wire on the wall into the composition as a third element.[16] Eva Hesse (see above) created subtle hybrids of drawing and sculpture in the form of reliefs and room installations. The extension of the drawing by means of everyday materials such as wires and cables made it easier for these artists to turn away, as they wished, from determination and control, and thus also to liberate themselves from their own identity.[17]

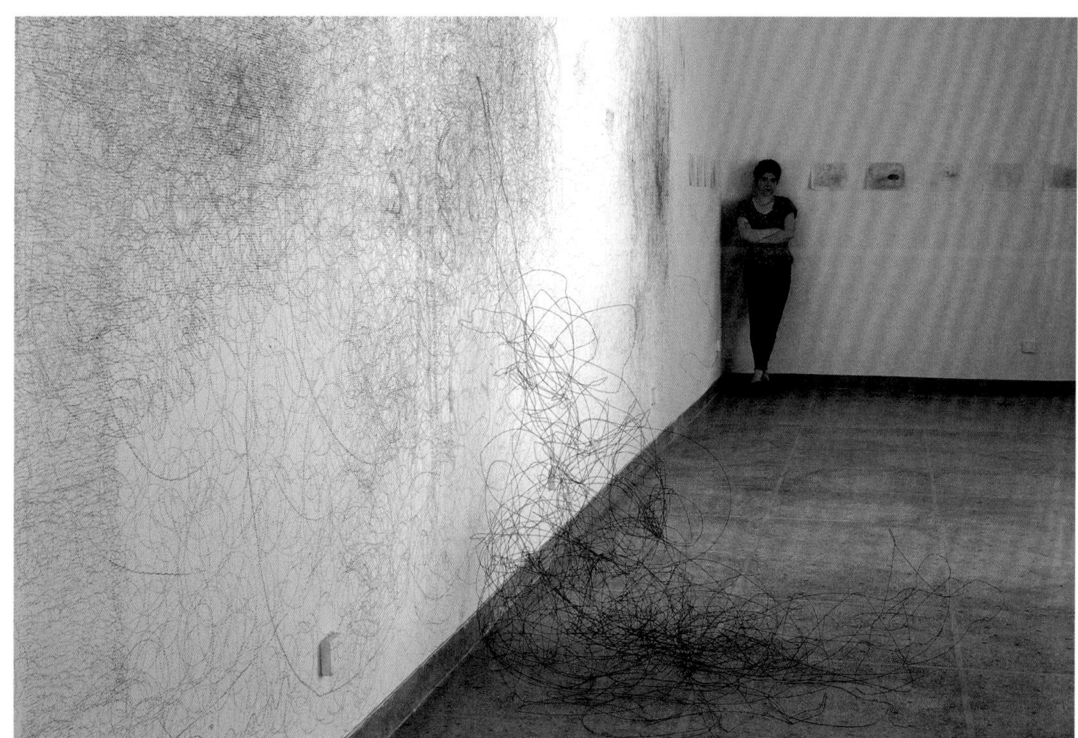

das den Betrachter umgibt. Der Betrachter, der sich zwischen Wandzeichnung und Drähten im Raum bewegt, wird richtiggehend eingehüllt von den Verflechtungen der Linien. So kann diese Konstellation auch als sozialer Raum verstanden werden.

R. Thinking / Dreaming about Overpopulation
1999 zeichnete Róza El-Hassan eine Figur, die, einem Knäuel ähnlich, schwarz verhüllt, gesichtslos und die Knie fest an sich gezogen auf dem Fussboden sitzt (Kat. 7, Abb. S. 30). Diese kleine enigmatische Figur ist die Keimzelle der umfangreichen, über mehrere Jahre entstandenen Werkgruppe »R. Thinking / Dreaming about Overpopulation«, über die Eva Scharrer in diesem Katalog ausführlicher schreibt. Parallel zu den Plastiken (Kat. 60, 61, Abb. S. 31, 101) und Aktionen entstanden umfangreiche Serien von Zeichnungen, von denen die wichtigsten in der Ausstellung zu sehen sind (Kat. 8, 9, 10–45, Abb. S. 32–37, 38–40, 68–87).

    Die 30 »Sketches for Overpopulation-Clothes« entstanden im Jahre 2000 (Kat. 8, Abb. S. 32–37).[19] Völlig abstrakte Blätter stehen neben Skizzen von meist kopflosen und puppenartigen Figuren, die Kleiderentwürfe zur Schau stellen. Erstmals spielen Pinsel und Wasserfarbe eine Rolle in El-Hassans Arbeit. Eine Zeichnung zeigt das orangefarbene T-Shirt mit der Aufschrift »I am overpopulation«, das Teil von verschiedenen Aktionen und Ausstellungen war (Kat. 8.7, Abb. S. 33).[20] Das Entwerfen von Stoffmustern und moderner, funktionaler Kleidung war schon für die Malerinnen der sowjetischen Avantgarde von 1910 bis 1930 kein Widerspruch zu ihrer Tätigkeit als freie Künstlerinnen. Natalja Gontscharowa, Ljubow Popowa und andere glaubten an die kulturelle und soziale Erneuerung, zu denen durchaus auch die Standardisierung der Kleidung im Rahmen einer neuen und zeitgemässen Ästhetik beitragen sollte. Als eher unbewusst herangezogenes Vorbild können auch Sonja Delaunays abstrakte und sehr farbige Kompositionen des Orphismus erwähnt werden. Sie bewegte sich sehr frei zwischen Malerei und Design, machte mit ihren »Simultankleidern« Furore.

    Anstatt konkrete und umsetzbare Kleider auszuarbeiten, belässt Róza El-Hassan es aber bei eher spielerischen Entwürfen (zu den Ausnahmen siehe Abb. 9, 10). Das Muster etwa, das sie auf einem Blatt in Blau und Rot entwirft, verselbständigt sich (Kat. 8.26, Abb. S. 35). Das Kleid, für das es vorgesehen ist, bleibt eine kleine Randnotiz. Die sachlicheren Kleiderentwürfe stehen im Kontrast zu komplexeren und geheimnisvollen Blättern, die sehr subjektive Weiterentwicklungen des Themas beinhalten. Auf dem neunten Blatt ist in einer blutroten Fläche eine helle Öffnung, eine organisch anmutende Höhle zu erkennen. Im Kontrast zum fliessenden Rot wurden kleine schwarze Rechtecke wie ornamentale Ketten um ein Zentrum herum arrangiert (Kat. 8.9, Abb. S. 34).

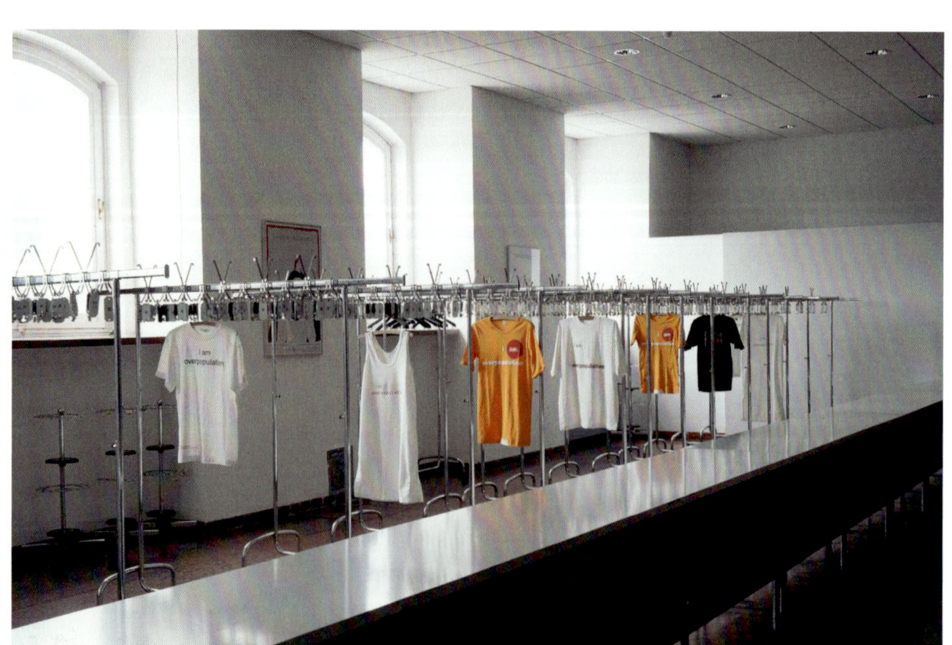

9 "Overpopulation—Clothes," Ausstellung //
exhibition "Budapest-Box", Ludwig Múzeum, Budapest, 2002

Róza El-Hassan's mural drawings would be inconceivable without their predecessors, and yet her approach is totally different. The five-by-eleven-meter mural in Venice was not drawn according to some plan, yet neither was it impulsive. The lines were drawn precisely and in controlled fashion, with great concentration. This process demanded a great deal of time and the deployment of the whole body. Even on this scale, this kind of drawing is done with a pencil, and the artist is thoroughly immersed in her work. The mural, given the reticence of its fine graphite lines, is no less intimate than the small drawings that have to be seen close-up. The line is used here not as an expressive gesture or to establish identity, but as a component of tangles which, like the "Stretched Objects" and "Networks," can be understood as a metaphor for an intermediate state.[18] Tangles are not rigid like knots; they can be disentangled or pulled tighter, they can be continued or unwound.

Róza El-Hassan deliberately included the room in her mise-en-scène. She did this partly by supplementing the mural, to the right, with the eighteen small drawings, which she also hung around the corner and on the next wall (fig. 8, see also p. 2). This created a continuum between the wall and the individual drawings on paper. She also made the wires lead out of the wall and into the room or onto the floor, creating a total "environment" to surround the beholder. Moving through the room between the mural and

the wires the beholder thus becomes wrapped in the interwoven lines and can understand this configuration as a social space.

R. Thinking / Dreaming about Overpopulation

In 1999 Róza El-Hassan drew a figure that resembled a tangle, sitting on the floor, shrouded in black, faceless, with its knees drawn up close (cat. 7, fig. p. 30). This little enigmatic figure was the germ cell of an extensive group of works, produced over many years, with the title "R. Thinking / Dreaming about Overpopulation," on which Eva Scharrer writes at greater length in the present volume. In parallel with the sculptures (cat. 60, 61, figs. pp. 31, 101) and "actions," long series of drawings were produced, the most important of which are to be seen in the exhibition (cat. 8, 9, 10–45, figs. pp. 32–37, 38–40, 68–87).

The thirty "Sketches for Overpopulation—Clothes" date from the year 2000 (cat. 8, fig. p. 32–37).[19] Totally abstract drawings are juxtaposed with sketches of mostly headless and doll-like figures exhibiting clothes designs. For the first time brushes and watercolors play a role in El-Hassan's work. One drawing shows an orange T-shirt with the inscription "I am overpopulation," which was part of various actions and exhibitions (cat. 8.7, fig. p. 33).[20] Even for the female painters of the Soviet avant-garde between 1910 and 1930,

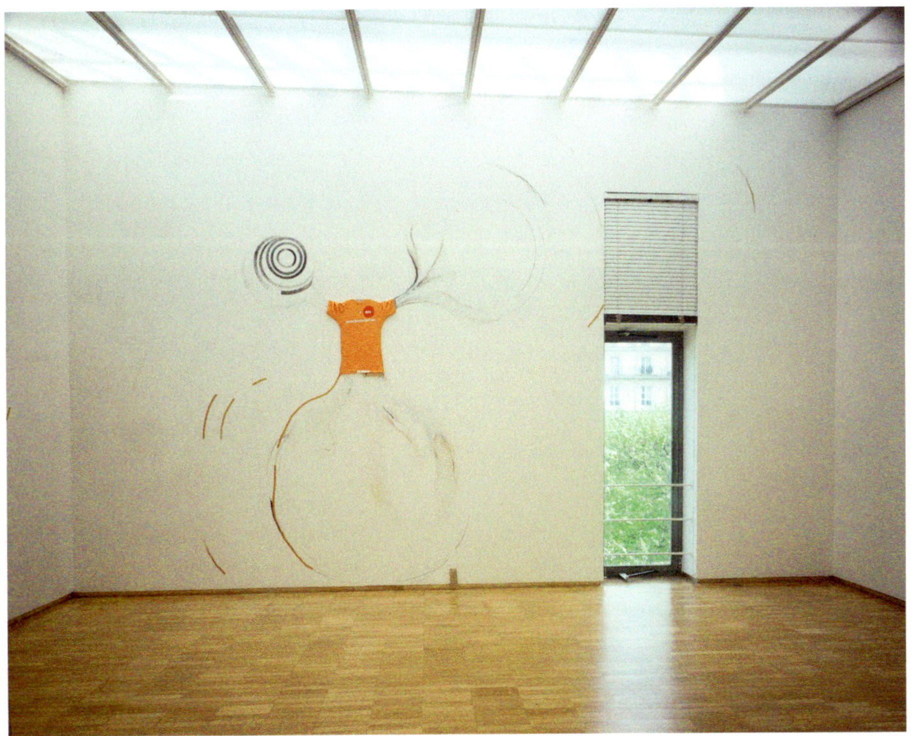

10
"I am overpopulation" – T-Shirt mit Wandzeichnung // with wall-drawing, Ausstellung // exhibition "L'autre moitié de l'Europe," Galerie Nationale du Jeu de Paume, Paris 2000

Die in Reih und Glied angeordneten geometrischen Formen
geraten aber an einer Stelle aus den Fugen der konzentri-
schen Ordnung und passen sich nur kurz dem Fluss der roten
Masse an, bevor sie sich nach unten der Horizontalen an-
gleichen. Das darauf folgende Blatt ist nur noch blutig-flei-
schige Masse, die in einer fliessenden Bewegung alles auflöst
und mitreisst (Kat. 8.10, Abb. S. 34). Auch hier scheint sich
das Zeichnen zu verselbstständigen, gleichsam inhaltlich
aufzulösen.

In den »Sketches for Overpopulation-Clothes«
manifestiert sich eine Ambivalenz, die El-Hassans Zeichnungen der letzten zehn Jahre generell charakterisiert: Blätter,
die sich explizit mit politischen Fragen wie Überbevölkerung,
Krieg und Rassismus beschäftigen, werden stets abgelöst
von Zeichnungen, die sich diesem Anspruch entziehen, indem
sie diese Themen ironisch attackieren oder ganz in die Abstraktion fliehen. Dieses Schwanken zwischen dem Intellekt
und dem Unterbewusstsein bringt die Künstlerin im über-
greifenden Titel »R. Thinking / Dreaming …« zum Ausdruck.

Die 12-teilige Zeichnungsserie der installativen Arbeit »R. Thinking / Dreaming about Overpopulation« von
2001 bis 2003 (Kat. 9, Abb. S. 38–40) beginnt mit einer abs-
trahierten Paradiesdarstellung. An der Peripherie einer Kugel
steht in jeder Himmelsrichtung eine in Umrissen stark vereinfachte Figur (Kat. 9.1, Abb. S. 38). Das Paradies als men-
schenleere Welt zeigt aber schon bald ein Wachstum, das

sich fliessend und chaotisch ausdehnt, dann bunt und fröh-
lich in den Himmel wächst (Kat. 9.2, 9.3, Abb. S. 38–39).
Auf dem vierten Blatt verlassen zwei Menschen das Paradies
(Kat. 9.4, Abb. S. 39). Die beiden Figuren sind Masaccios
Wandgemälde der Vertreibung aus dem Paradies nachemp-
funden, die um 1425/28 in der Brancacci-Kapelle der Flo-
rentiner Kirche Santa Maria del Carmine entstanden. Sie werden aber nicht vom Engel mit dem Schwert, sondern von
schwarzen Geschossen vertrieben. Dass hier das Paradies
im übertragenen Sinne gemeint ist, wird im fünften Blatt
deutlich, wo die beiden Vertriebenen, die mit wenigen zarten
Linien minimal umrissen sind, mit dem Titel »Two Arabs leaving paradise« versehen sind. Es sind denn auch äussere Merk-
male der islamischen Kultur (Ornamente und Imitationen
arabischer Schriftzeichen), die auf weiteren Blättern ausge-
breitet sind (Kat. 9.7–9.11, Abb. S. 38, 40).

Wer vertreibt hier wen aus welchem Paradies? Die
Problematik der ethnischen Verfolgung und der interreligiösen
Konflikte bilden den Hintergrund dieser Arbeit. Eine Zeichnung thematisiert etwa die Entscheidung einer Frau, das Kopf-
tuch zu tragen oder es abzulegen (Kat. 9.6, Abb. S. 38). Frei
gewählt kann es Symbol der Identifikation und Abgrenzung
sein, als Vorgabe kann es aber Unterwerfung und Einschrän-
kung bedeuten. Diese Fragen beschäftigen die Künstlerin
ganz persönlich, da sie mit einer ungarisch-katholischen Mutter und einem syrisch-muslimischen Vater aufgewachsen ist.[21]

designing fabrics and modern functional clothing was in no way incompatible with their activity as artists. Natalya Goncharova, Lyubov Popova, and others believed in cultural and social renewal, and the standardization of clothing in the context of a new aesthetic in tune with the times was intended as a contribution to this renewal. As an (if anything, unconscious) model, we might also mention Sonia Delaunay's abstract and highly-colored Orphist compositions. Delaunay moved freely between painting and design, and caused a furore with her "simultaneous design" dresses.

Instead of developing specific, wearable clothes (with a few exceptions, figs. 9, 10), however, Róza El-Hassan contents herself with designs best described as playful. The pattern which she designed in blue and red, for example, takes on a life of its own (cat. 8.26, fig. p. 35). The dress for which it was intended is nothing more than a marginal note. The more practical clothing designs contrast with more complex and mysterious drawings containing very subjective developments of the theme. In the ninth drawing there is a pale opening in an area colored blood-red, a quasi-organic cavern. In contrast to the fluent red, small black rectangles are arranged like ornamental necklets around a center (cat. 8.9, fig. p. 34). In one place, however, the neat arrangement of geometric forms gets out of kilter, and only briefly adapts to the red mass before aligning with the horizontal below. The following drawing is no more than a mass of blood and flesh, dissolving everything in a flowing movement, and dragging everything along with it (cat. 8.10, fig. p. 34). Here, too, the act of drawing seems to acquire a life of its own, its content dissolving.

The "Sketches for Overpopulation—Clothes" evince an ambivalence characteristic of El-Hassan's drawings of recent years: depictions that deal explicitly with political questions such as overpopulation, war, and racism are complemented by drawings that avoid this aspiration either by ironically attacking this theme, or else escaping entirely into abstraction. This oscillation between the intellect and the sub-conscious is given expression by the artist in the superordinate title "R. Thinking / Dreaming...".

The twelve-part series of drawings in "R. Thinking / Dreaming about Overpopulation," dating from 2001 to 2003 (cat. 9, figs. pp. 38–40), starts with an abstract depiction of paradise. On the periphery of a globe, at each of the points of the compass, there is a highly simplified figure (cat. 9.1, fig. p. 38). Soon, however, paradise as a world empty of human beings manifests a structure that expands into the sky at first fluently and chaotically, then colorfully and cheerfully (cat. 9.2, 9.3, figs. pp. 38–39). In the fourth drawing, two people leave paradise (cat. 9.4, fig. p. 39). The two figures are based on Masaccio's mural of the expulsion from Eden, painted c. 1425/28 in the Brancacci chapel in the church of Santa Maria del Carmine in Florence. They are being ex-

Neben den zwölf Zeichnungen wird die auf einem Bildschirm abgespielte Videoaufnahme der Blutspende-Aktion dokumentiert, die El-Hassan 2002 in Zürich durchgeführt hat (siehe Beitrag von Eva Scharrer, S. 92). Die ganze Installation wird überwacht von einem dickbäuchigen, lachenden Glücksbuddha (Kat. 9.13, Abb. S. 41). Der gut gelaunte Mönch stand ursprünglich für die Tugend der Selbstgenügsamkeit. Die Künstlerin macht einen Neo-Pazifisten aus ihm.

Zwischen Abstraktion und Protest

Die etwas später, um 2002/03, entstandenen Zeichnungen und Collagen von Róza El-Hassan sind tendenziell flüchtiger als frühere Arbeiten (Kat. 10–45, Abb. S. 68–87).[22] Tagebuchartig sind sie mit Kommentaren versehen und zeigen Reaktionen auf aktuelle Ereignisse, bringen persönliche Ängste und Gedankengänge zum Ausdruck. Als das Ludwig Múzeum in Budapest eine Blutspende-Aktion im Museum nicht genehmigte,[23] schrieb die Künstlerin beispielsweise oben auf eine materialintensive Collage: »You can't do it right for everybody (or it's very difficult)« (Kat. 17, Abb. S. 71). Eine andere Zeichnung zeigt einen hilflosen Künstler neben einem Demonstrationsschild mit der Aufschrift »This is an art performance« (Kat. 42, Abb. S. 85), womit die Frage im Raum steht, ob eine Aussage im Kontext einer Ausstellung nicht automatisch ihre politische Sprengkraft verliert oder ob politische Aussagen grundsätzlich keinen Platz im White Cube haben. Um die Dynamik dieser Frage weiterzuführen, zeichnete die Künstlerin ein Demonstrationsschild, das sich auf Marcel Duchamps »Fountain« (Abb. S. 94) bezieht, ein Alltagsgegenstand, der im musealen Kontext zu Kunst geworden ist (Kat. 26, Abb. S. 79).

El-Hassans Zeichnungen von 2002/03 bewegen sich zwischen der ästhetischen Unschuld der Abstraktion und der Aggressivität des politischen Protests. Neben der Friedenstaube (Kat. 16, Abb. S. 70) kommt in Collagen die Anklage gegen Gewalt und Krieg zum Ausdruck. Aus Zeichnungsblättern, Papierfragmenten und schwarzer Plastikfolie besteht eine Collage, die keinen Träger hat (Kat. 23, Abb. S. 76). Die Elemente sind dürftig zusammengeklebt, sodass das ganze Gebilde beweglich und fragil ist. Das weisse, von Verletzungen und Knicken gezeichnete Papier erinnert mit dem blutroten Fleck an Verbandsmaterial, das eine Wunde nur provisorisch schützen kann. Links markiert das Rote Kreuz durch seine Anwesenheit den Kriegsschauplatz. Die Collage weist nur wenige Bleistiftmarkierungen auf. Die Knick- und Faltspuren, die Risse und die gefalteten Papierfragmente zeugen von der manuellen Bearbeitung oder eben Verletzung des Papiers.

El-Hassan bezieht auch in anderen Werken von 2002/03 das Papier als Material sehr stark in die Ausarbeitung der Zeichnung ein. Ein Blatt, das mit dem schwarzen

pelled, however, not by an angel with a sword, but by black missiles. That "paradise" is to be understood here in the figurative sense becomes clear in the fifth drawing, where the two expellees, minimally contoured with a few delicate lines, are given the title "Two Arabs leaving paradise." And what we see in the subsequent drawings are then the external marks of Islamic culture (ornaments and imitations of Arabic writing; cat. 9.7–9.11, figs. pp. 38, 40).

So who is expelling whom from which paradise? The problem of ethnic persecution and inter-religious conflicts forms the background to this work. One drawing, for example, addresses the decision of a woman to wear a headscarf or to leave it off (cat. 9.6, fig. p. 38). Chosen freely, it may be a symbol of identification and demarcation, but when imposed it can mean subjection and constraint. These questions occupy the artist in a very personal way, as she grew up with a Hungarian Catholic mother and a Syrian Muslim father.[21]

Next to the drawings the video footage, played on a screen, dokuments the blood-donation campaign that El-Hassan staged in Zurich in 2002 (see Eva Scharrer, p. 91). The whole installation plays out beneath the gaze of a fat-bellied, laughing Buddha (cat. 9.13, fig. p. 41). The cheerful monk originally stood for the virtue of self-sufficiency. The artist has turned him into a neo-pacifist.

Between Abstraction and Protest

The later drawings and collages by Róza El-Hassan, those dating from c. 2002/03, tend to be more fleeting than earlier works (cat. 10–45, figs. pp. 68–87).[22] They contain commentaries, diary-like, and show reactions to current events, while expressing personal fears and trains of thought. When the Museum Ludwig in Budapest refused to give its consent to a blood-donation session on its premises,[23] the artist wrote on a material-intensive collage: "You can't do it right for everybody (or it's very difficult)" (cat. 17, fig. p. 71). Another drawing shows a helpless artist next to a demonstration placard with the inscription "This is an art performance" (cat. 42, fig. p. 85), thus throwing open the question of whether a statement in the context of an exhibition does not ipso facto lose its political explosiveness, or whether indeed political statements have, on principle, no place in the White Cube. In order to pursue the dynamics of this question further, the artist drew a demonstration placard that made reference to Marcel Duchamp's "Fountain" (fig. p. 94), an everyday object that became art in the museum context (cat. 26, fig. p. 79).

El-Hassan's drawings of 2002/03 move somewhere between the aesthetic innocence of abstraction and the aggressiveness of political protest. Alongside the dove of peace (cat. 16, fig. p. 70) there are, in the collages, expressions of denunciation of war and violence. From drawings, paper fragments, and black plastic film, there emerges a

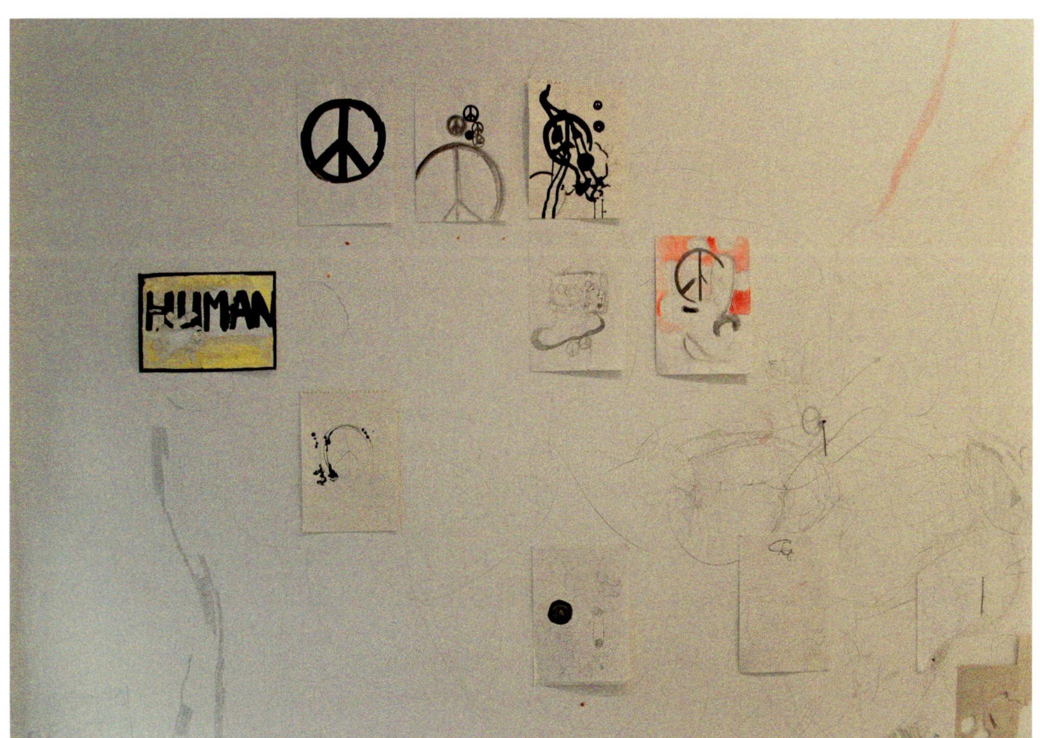

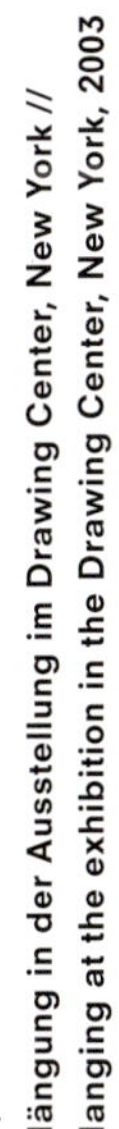

11
Hängung in der Ausstellung im Drawing Center, New York //
Hanging at the exhibition in the Drawing Center, New York, 2003

Rand und der grossen Aufschrift »Human« wie ein Demonstrationsschild aussieht, weist links unten eine Öffnung auf, die wie eine klaffende Wunde auch die Schrift beeinträchtigt (Kat. 21, Abb. S. 74). Als wäre das Blatt von der Rückseite mit Gewalt durchstossen worden, hat El-Hassan die eingerissenen Papierenden nach vorne gebogen und auf das Papier geklebt. Nichts widerspricht der Aufschrift »Mensch« mehr als die Brutalität, die durch die Öffnung zum Ausdruck kommt.

El-Hassan hat diese Blätter bisher in Ausstellungen direkt mit Nadeln an den Wänden befestigt, durch Gruppierungen in Beziehung zueinander gesetzt und damit ähnlich wie im Ungarischen Pavillon in Venedig ein »Environment« geschaffen (Abb. 11). Besonders die eben beschriebenen Collagen, die beweglich sind, Öffnungen und Knicke aufweisen, leiten von der Flächigkeit der Wand in den Raum hinaus. Zudem vernetzt die Künstlerin die Zeichnungen mit Linien an der Wand und mit Drähten, die wiederum aus der Wand ragen oder auf dem Fussboden zu Knäueln verarbeitet sind. Die Ausstellungsräume werden durch den Inhalt der Zeichnungen diskursiv aufgeladen. Hier öffnet sich ein Raum für intellektuelle und emotionale Diskussionen über Kollektivschuld, Demonstrationsästhetik, kulturelle Identitätsfindung und andere Themenkreise, die die Künstlerin auch mit Vorträgen, Lesungen und Aktionen weiterentwickelt.

Flechtwerke

Von den Netzwerken über die Knäuel zu den Tagebuchblättern: Der Raum, der sich durch El-Hassans Zeichnungen öffnet, erweist sich immer stärker als ein sozialer und auch politischer Ort. 2010 machte die Künstlerin einen weiteren Schritt, der sie über ihre künstlerische Tätigkeit in den sozialen Bereich führte. Sie lancierte ein Projekt mit einer ungarischen Roma-Gemeinschaft, die zwar mit dem Korbflechten über eine alte Handwerktradition verfügt, aber heute völlig verarmt in einer ländlichen Gegend lebt. Gemeinsam entwickelten sie Entwürfe für moderne Produkte, beispielsweise eine »No-Corruption«-Korbtasche für einen Laptop (Abb. 12). Doch wie bei den »Sketches for Overpopulation—Clothes« liess El-Hassan sich nicht auf deren Funktion als praktische Entwürfe einschränken und so sind auch sehr freie Ideenskizzen entstanden, etwa eine äusserst unpraktische Tasche ohne Hülle, die nur aus einem Griff und einem Draht besteht, an dem Schlüssel, Geldbörse und ähnliches befestigt werden können (Kat. 50, Abb. S. 104).

Aus diesem Projekt entwickelte El-Hassan mit den Roma die Idee einer grossen geflochtenen Plastik in Form eines Ausrufezeichens (Abb. 13).[24] Deren fröhliche und an Pop Art erinnernde Ideenskizzen überraschen (Kat. 53–57, Abb. S. 106–107). Was hingegen nicht überrascht, ist die Tatsache, dass mit dem Korbflechtprojekt und den in dieser Zeit entstandenen Zeichnungen – vor allem die beiden Blätter

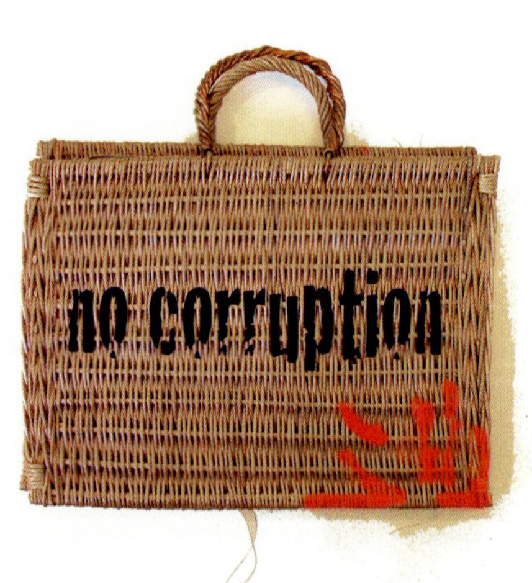

12
No Corruption, 2009–2011

collage with no further picture-support (cat. 23, fig. p. 76). The elements are stuck together, but only just, so that the whole piece is both mobile and fragile. The white paper, torn and creased, is, with the blood-red mark, reminiscent of a bandage that can only provisionally protect a wound. To the left, the presence of the Red Cross denotes a theater of war. There are few pencil marks on the collage. The creases, tears, and folded paper fragments bear witness to the manual working of the paper, or manual damage to it.

In other works dating from 2002/03, El-Hassan integrates the paper very heavily into the execution of the drawing. In one of them the black edge and the large inscription "Human" suggest a demonstration placard, while the opening bottom left is like a gaping wound and also interferes with the writing (cat. 21, fig. p. 74). As if the paper had been violently pierced from behind, El-Hassan has bent the torn ends of the paper forward and stuck them on to the paper. Nothing contradicts the inscription "Human" more than the brutality expressed by the hole.

At exhibitions hitherto, El-Hassan has fastened these sheets of paper to the wall with pins, relating them by assembling them in groups, and thus, like in the Hungarian Pavilion in Venice, creating an "environment" (fig. 11). Particularly the collages just described, which are mobile and characterized by tears and creases, emerge from the plane of the wall into the space of the room. In addition, the artist uses lines on the wall to "network" the drawings, as well as wires that project from the wall or are turned into tangles on the floor. The exhibition rooms are discursively charged through the content of the drawings. The room is opened up for intellectual and emotional discussions of collective guilt, the aesthetics of demonstration, the establishment of cultural identity, and other themes, which the artist also develops through lectures, readings, and "actions."

Woven Works

From the networks via the tangles to the pages from a diary: the space opened up by El-Hassan's drawings increasingly turns out to be a social and also political location. In 2010 the artist ventured a further step, which took her into the social sphere. She launched a project together with a Hungarian Roma community, which, in spite of mastering the ancient craft tradition of wickerwork, now lives in poverty in a rural area. Together, they developed designs for modern products, for example a "No Corruption" wicker bag for a laptop (fig. 12). But as with the "Sketches for Overpopulation—Clothes," El-Hassan was not restricted by practical considerations, and consequently she was able to sketch her ideas freely, for example for a totally unpractical "bag without a bag," consisting only of a handle and a piece of wire to which keys, purse, and the like can be attached (cat. 50, fig. p. 104).

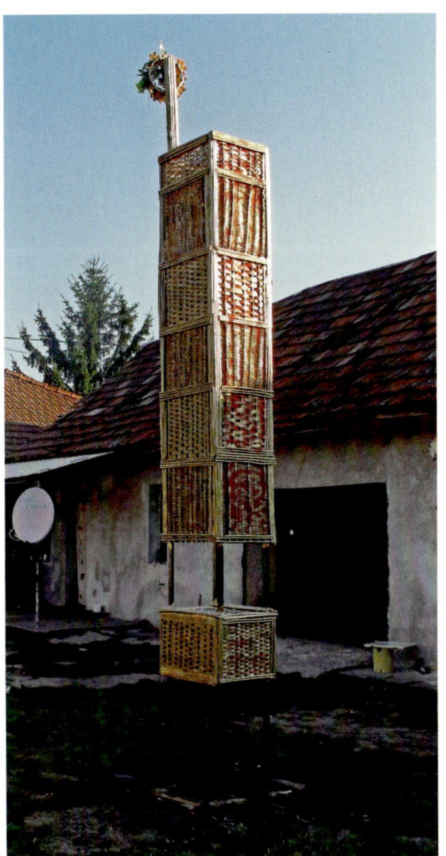

13 Exclamation Mark, 2011

»Flechtstruktur mit Nest« (Kat. 51, 52, Abb. S. 105) – die Künstlerin wieder zu neuen Formen von vielschichtigen Verflechtungen gefunden hat.

1 »I am drawing incessantly: I feel good only when I start the day with drawing.« Róza El-Hassan, in: Róza El-Hassan, XLVII International Biennale of the Visual Arts, 1997, Hungarian Pavillion, hrsg. vom Museum Ludwig Budapest, Budapest 1997, S. 5.

2 Unter den zahlreichen Überblicksausstellungen sind folgende hervorzuheben: Drawing Now. Eight Propositions, Ausst.-Kat. Museum of Modern Art, New York; New York 2002; Je mehr ich zeichne: Zeichnung als Weltentwurf, Ausst.-Kat. Museum für Gegenwartskunst Siegen; Köln 2010; Kompass – Zeichnungen aus dem Museum of Modern Art, New York, Ausst.-Kat. Martin-Gropius-Bau, Berlin; Berlin 2011.

3 Ein Überblick aus damaliger Sicht in: Drawing Now. The Museum of Modern Art New York, Ausst.-Kat. Museum of Modern Art, New York; New York 1976. Zwei auch für das Verständnis von El-Hassan wichtige Ansätze: Catherine de Zegher, »Die Befreiung der Linie. Zeichnung und Subjektivität vom 20. Jahrhundert bis in die Gegenwart«, in: Räume der Zeichnung, Ausst.-Kat. Akademie der Künste, Berlin; Nürnberg 2005, S. 189–211; Wolfram Pichler und Ralph Ubl: »Vor dem ersten Strich. Dispositive der Zeichnung in der modernen und vormodernen Kunst«, in: Werner Busch, Oliver Jehle und Carolin Meister (Hrsg.), Rundgänge der Zeichnung, München 2007, S. 231–255.

4 Róza El-Hassan, »Stretched Objects«, Ausst.-Kat. Neue Galerie am Landesmuseum Joanneum, Graz (Artist in Residence. Bulletin, Nr. 3); Graz 1995, o. S.

5 Siehe Emanuel Hoffmann-Stiftung Basel, Sammlungskatalog, hrsg. von der Emanuel Hoffmann-Stiftung Basel; Basel u. a. 1991, Kat. 195.

6 Friederike Kitschen in: Róza El-Hassan, Ausst.-Kat. Kunstverein Ulm; Ulm 1998, S. 7.

7 Eszter Babarczy, »Über die Arbeiten von Róza El-Hassan«, in: Róza El-Hassan, Ausst.-Kat. Knoll Galéria, Wien und Budapest; Wien und Budapest 1996, S. 3–12, hier S. 3.

8 Vgl. Csörgő Attila, El-Hassan Róza, Ausst.-Kat. Goethe-Institut, Budapest; Budapest 1995; Róza El-Hassan, Ausst.-Kat. Mala Galerija, Ljubljana; Ljubljana 1998.

9 Róza El-Hassan in: Budapest 1997 (wie Anm. 1), o. S.

10 Siehe Kunstmuseum Basel. Die Meisterwerke. Gemälde, Skulpturen, Fotografien, Installationen, Videos, hrsg. vom Kunstmuseum Basel, Ostfildern 2011, Kat. 134.

11 Vgl. Eva Hesse Drawing, Ausst.-Kat. The Drawing Center, New York; New Haven und London 2006, Abb. 31, 66.

12 Catherine de Zegher, »Drawing as Binding / Bandage / Bondage or Eva Hesse Caught in the Triangle of Process / Content / Materiality«, in: ebd., S. 59–115, hier S. 93.

13 Igor Zabel, »›Found And Lost Again‹…«, in: Ausst.-Kat. Ljubljana 1998 (wie Anm. 8), o. S.

14 Siehe Abb. in: ebd.

15 Siehe Sol LeWitt. Wall Drawings 1968–1984, Ausst.-Kat. Kunsthalle Bern; Bern 1989.

16 Siehe Richard Tuttle. Wire Pieces, Ausst.-Kat. Musée d'art contemporain, Bordeaux; Paris 1987.

17 Siehe de Zegher in: Ausst.-Kat. Nürnberg 2005 (wie Anm. 3), S. 201.

18 Vgl. Friederike Kitschen: in Ausst.-Kat. Ulm 1998 (wie Anm. 6), S. 8.

19 Die Arbeit wurde 2000 in der Ausstellung »L'autre moitié de l'Europe« in der Galerie Nationale du Jeu de Paume, Paris, gezeigt (kein Kat.).

20 Siehe den Beitrag von Eva Scharrer in diesem Buch, S. 88 und 90, Abb. S. 90.

21 »Róza El-Hassan interviewed by Predrag Pajdic, February 2007«, siehe http://www.infocusdialogue.com/interviews/roza-el-hassan/ (15.9.2011).

22 In der Ausstellung ist mit 36 Beispielen nur ein Teil der etwa 150 Zeichnungen zu sehen.

23 Siehe Eva Scharrer zur Rezeption der Blutspende-Aktionen S. 92.

24 Die Plastik »Exclamation Mark« wurde im Rahmen des Projektes »Art on Lake« vom 24. Mai bis 4. September 2011 in Budapest gezeigt.

From this project, El-Hassan together with the Roma developed the idea of a large woven sculpture in the shape of an exclamation mark (fig. 13),[24] whose cheerful sketches, reminiscent of Pop Art, are surprising (cat. 53–57, figs. pp. 106–107). Not surprising, by contrast, is the fact that with the wickerwork project and the drawings dating from this period (especially the two drawings "Woven Structure with Nest," cat. 51, 52, figs. p. 105) the artist once again succeeded in finding new forms of many-layered weave.

1 Róza El-Hassan, in Róza El-Hassan, XLVII International Biennale of the Visual Arts, 1997, Hungarian Pavilion, Museum Ludwig Budapest (Budapest, 1997), p. 5.
2 Of the numerous survey exhibitions the following are worthy of special mention: Drawing Now. Eight Propositions, exh. cat. Museum of Modern Art, New York (New York, 2002); Je mehr ich zeichne: Zeichnung als Weltentwurf, exh. cat. Museum für Gegenwartskunst Siegen (Cologne, 2010); Kompass – Zeichnungen aus dem Museum of Modern Art, New York, exh. cat. Martin-Gropius-Bau, Berlin (Berlin, 2011).
3 A contemporary overview in Drawing Now. The Museum of Modern Art New York, exh. cat. Museum of Modern Art, New York (New York, 1976). Two important approaches to an understanding of El-Hassan: Catherine de Zegher, "Die Befreiung der Linie. Zeichnung und Subjektivität vom 20. Jahrhundert bis in die Gegenwart," in Räume der Zeichnung, exh. cat. Akademie der Künste, Berlin (Nuremberg, 2005), pp. 189–211; Wolfram Pichler and Ralph Ubl, "Vor dem ersten Strich. Dispositive der Zeichnung in der modernen und vormodernen Kunst," in Werner Busch, Oliver Jehle and Carolin Meister (eds.), Rundgänge der Zeichnung (Munich, 2007), pp. 231–55.
4 Róza El-Hassan, "Stretched Objects," exh. cat. Neue Galerie am Landesmuseum Joanneum, Graz (Artist in Residence. Bulletin, no. 3) (Graz, 1995), unpaginated.
5 See Emanuel Hoffmann-Stiftung Basel, catalogue of the collection, Emanuel Hoffmann-Stiftung Basel (Basel, 1991), cat. 195.
6 Friederike Kitschen in Róza El-Hassan, exh. cat. Kunstverein Ulm (Ulm, 1998), p. 7.
7 Eszter Babarczy, "Über die Arbeiten von Róza El-Hassan," in Róza El-Hassan, exh. cat. Knoll Galéria, Vienna and Budapest (Vienna and Budapest, 1996), pp. 3–12, here p. 3.
8 Cf. Csörgő Attila, El-Hassan Róza, exh. cat. Goethe-Institut, Budapest (Budapest, 1995); Róza El-Hassan, exh. cat. Mala Galerija, Ljubljana (Ljubljana, 1998).
9 Róza El-Hassan in Budapest 1997 (see note 1), unpaginated.
10 See Kunstmuseum Basel. Die Meisterwerke. Gemälde, Skulpturen, Fotografien, Installationen, Videos, ed. by Kunstmuseum Basel (Ostfildern, 2011), cat. 134.
11 Cf. Eva Hesse Drawing, exh. cat. The Drawing Center, New York (New Haven and London, 2006), figs. 31, 66.
12 Catherine de Zegher, "Drawing as Binding / Bandage / Bondage or Eva Hesse Caught in the Triangle of Process / Content / Materiality," in ibid., pp. 59–115, here p. 93.
13 Igor Zabel, "'Found And Lost Again'. . .," in exh. cat. Ljubljana 1998 (see note 8), unpaginated.
14 See fig. in ibid.
15 See Sol LeWitt. Wall Drawings 1968–1984, exh. cat. Kunsthalle Bern (Bern, 1989).
16 See Richard Tuttle. Wire Pieces, exh. cat. Musée d'art contemporain, Bordeaux (Paris, 1987).
17 See de Zegher in exh. cat. Nürnberg 2005 (see note 3), p. 201.
18 Cf. Friederike Kitschen in exh. cat. Ulm 1998 (see note 6), p. 8.
19 The work was displayed in 2000 at the exhibition "L'autre moitié de l'Europe" in the Galerie Nationale du Jeu de Paume, Paris (no cat.).
20 See the article by Eva Scharrer in the present volume, p. 89 and fig. p. 90.
21 "Róza El-Hassan interviewed by Predrag Pajdic, February 2007," see http://www.infocusdialogue.com/interviews/roza-el-hassan/ (Sept. 15, 2011).
22 Only 36 of the approx. 150 drawings are on show at the exhibition.
23 See Eva Scharrer (in this volume) on the reception of the blood-donation actions p. 91.
24 The sculpture "Exclamation Mark" was exhibited in Budapest in the context of the project "Art on Lake" from May 24 to September 4, 2011.

2

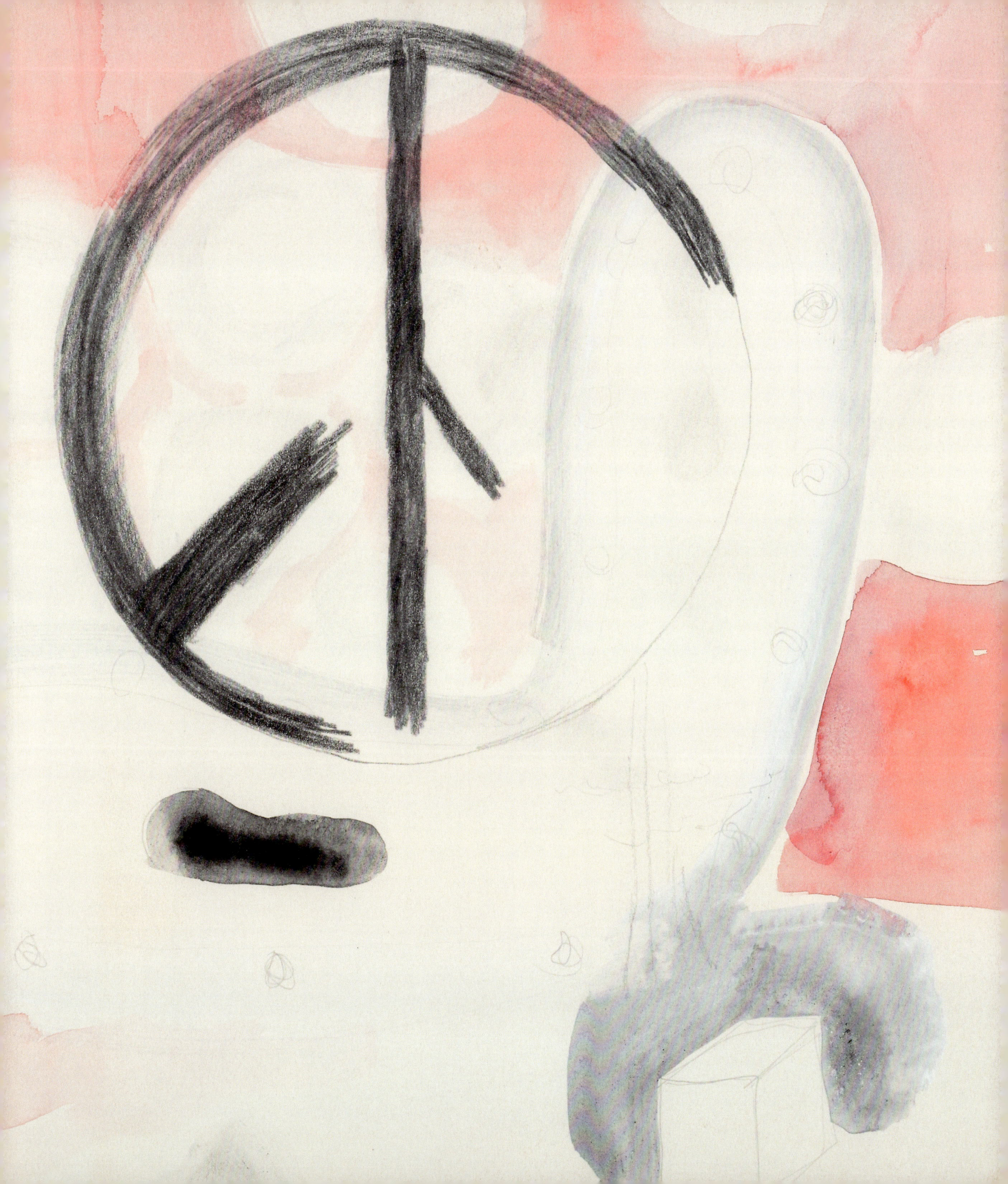

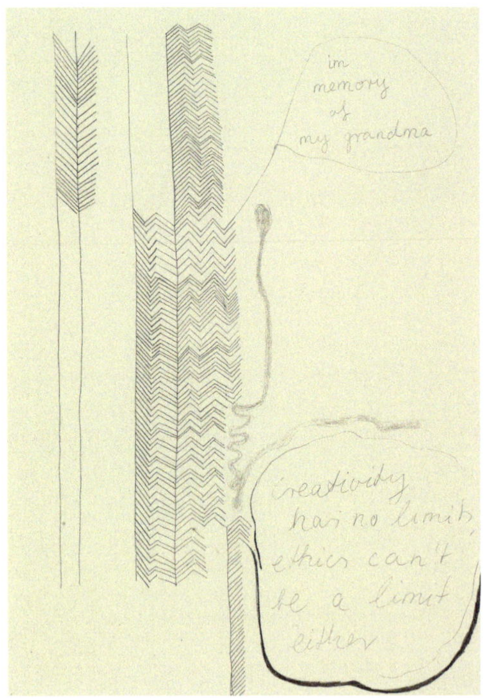

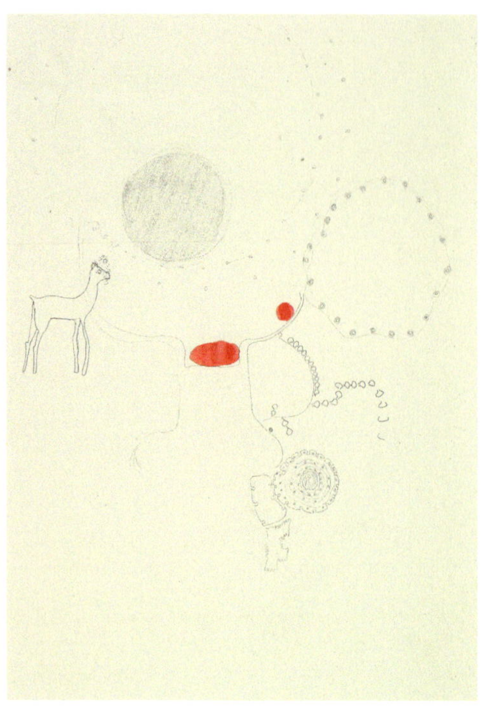

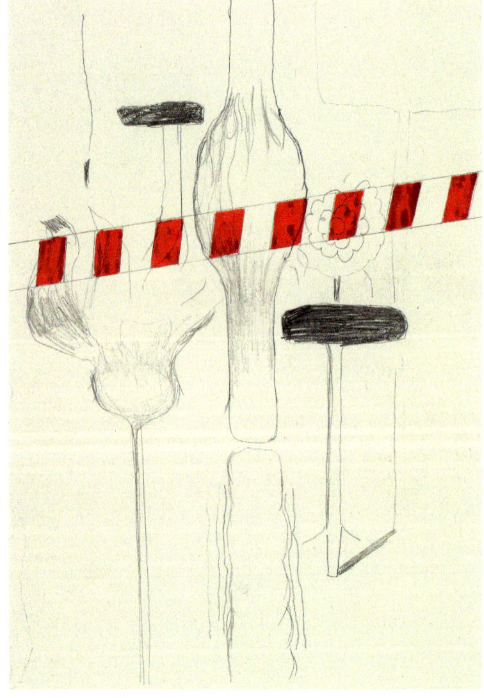

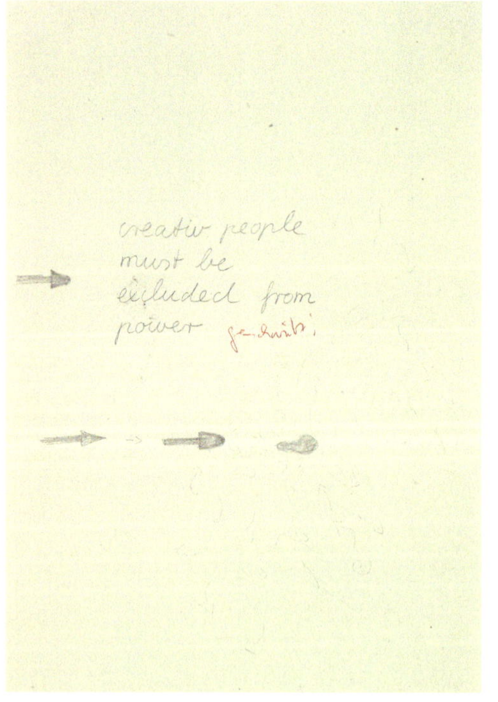

10
Untitled (In Memory of My Grandma), 2002/03

11
Untitled, 2002/03

12
Untitled (Each Line Is Responsibility), 2002/03

13
Untitled (Barrier), 2002/03

14
Untitled (Creative People Must Be Excluded from Power), 2002/03

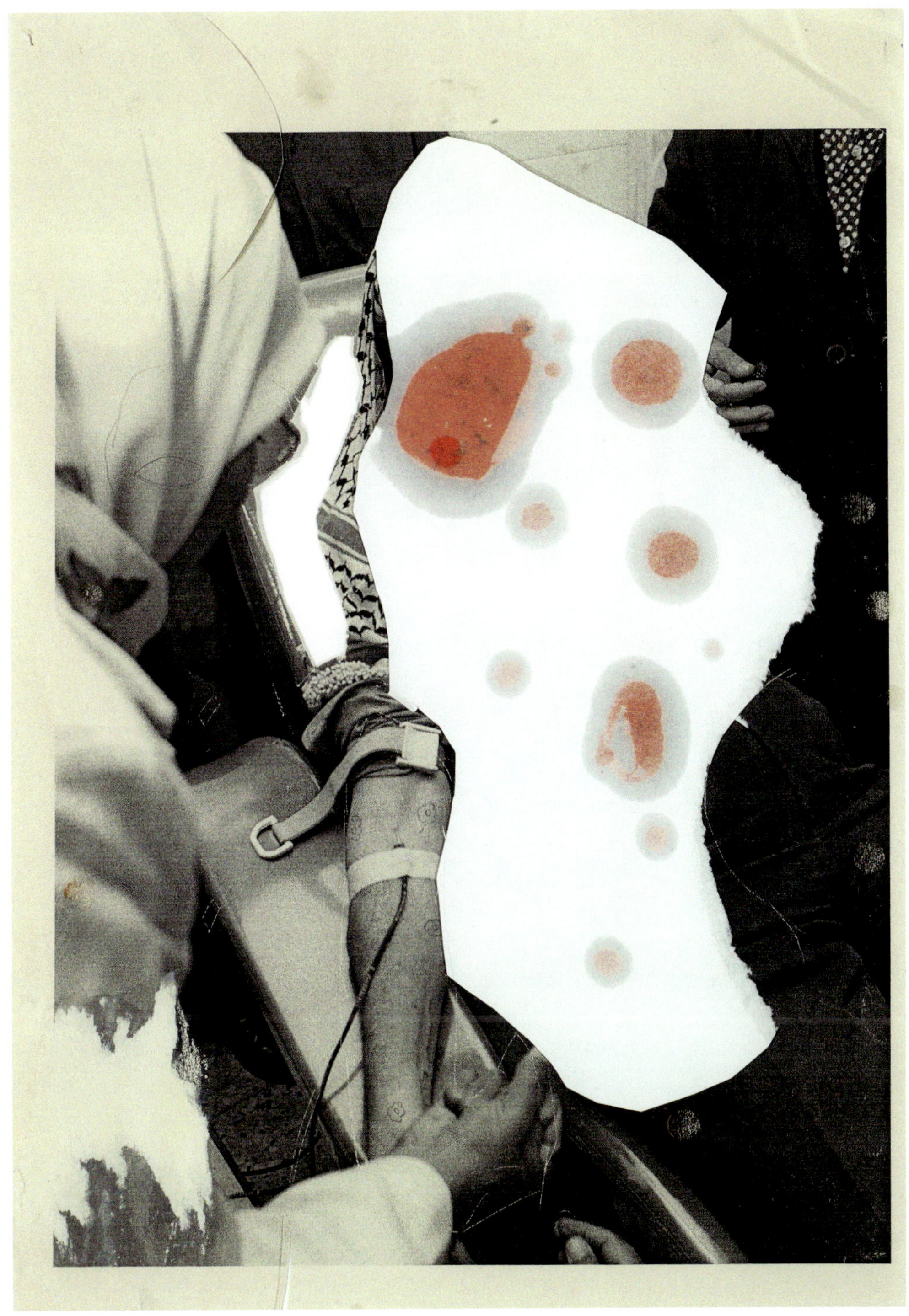

15
Untitled, 2002/03

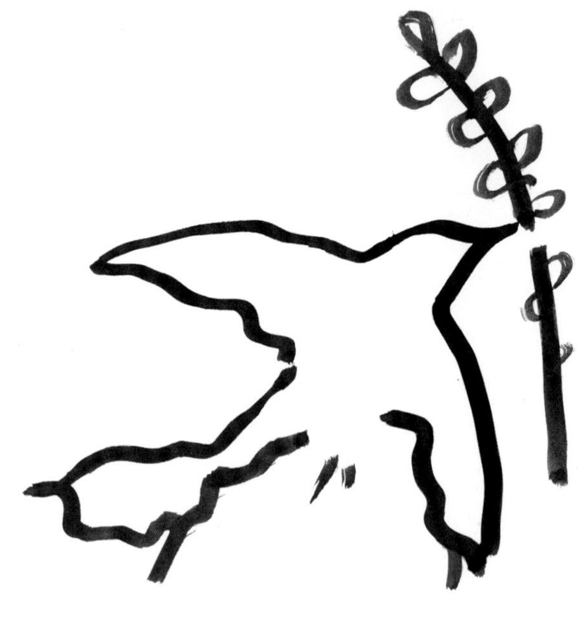

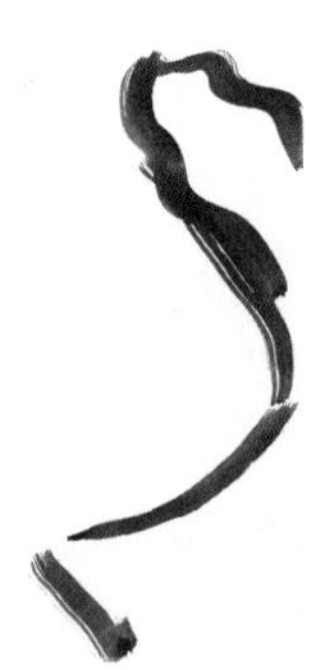

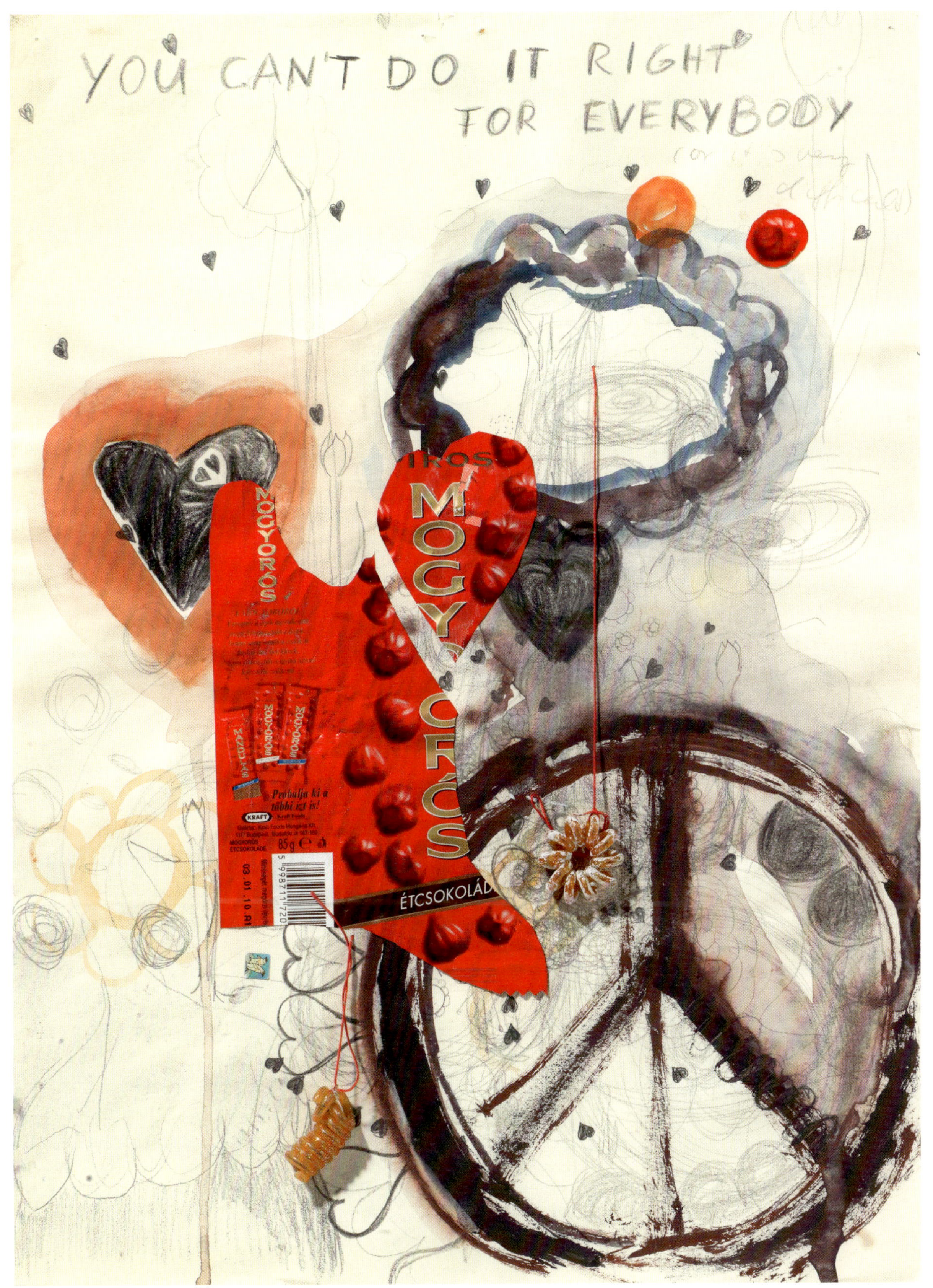

17
**Untitled (You Can't Do It Right for Everybody
[Or It's Very Difficult]), 2002/03**

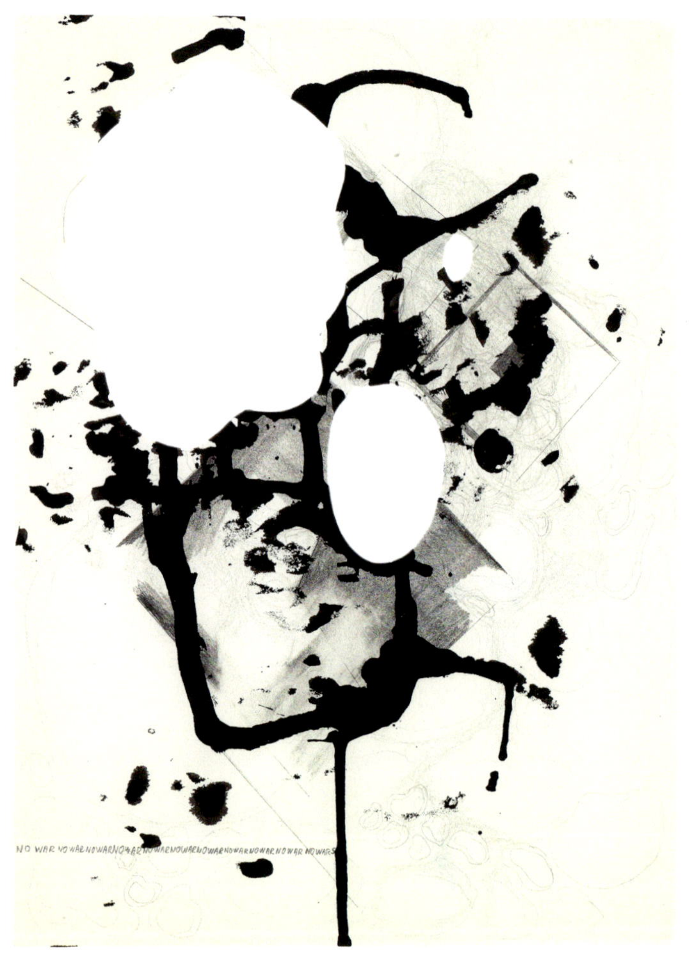

18
Untitled (No War), 2002/03

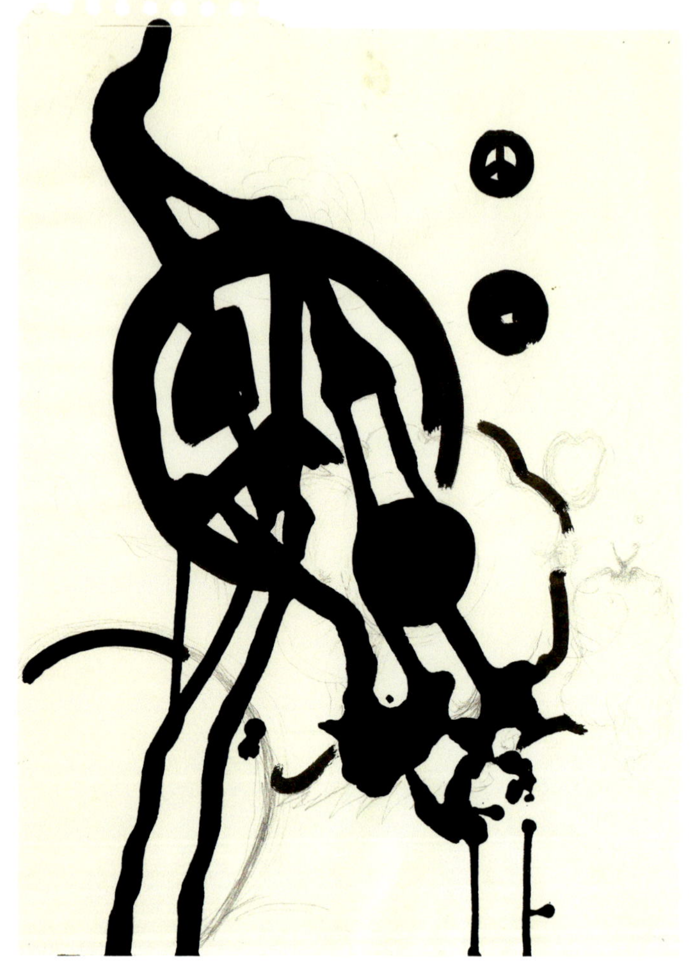

19
Untitled, 2002/03

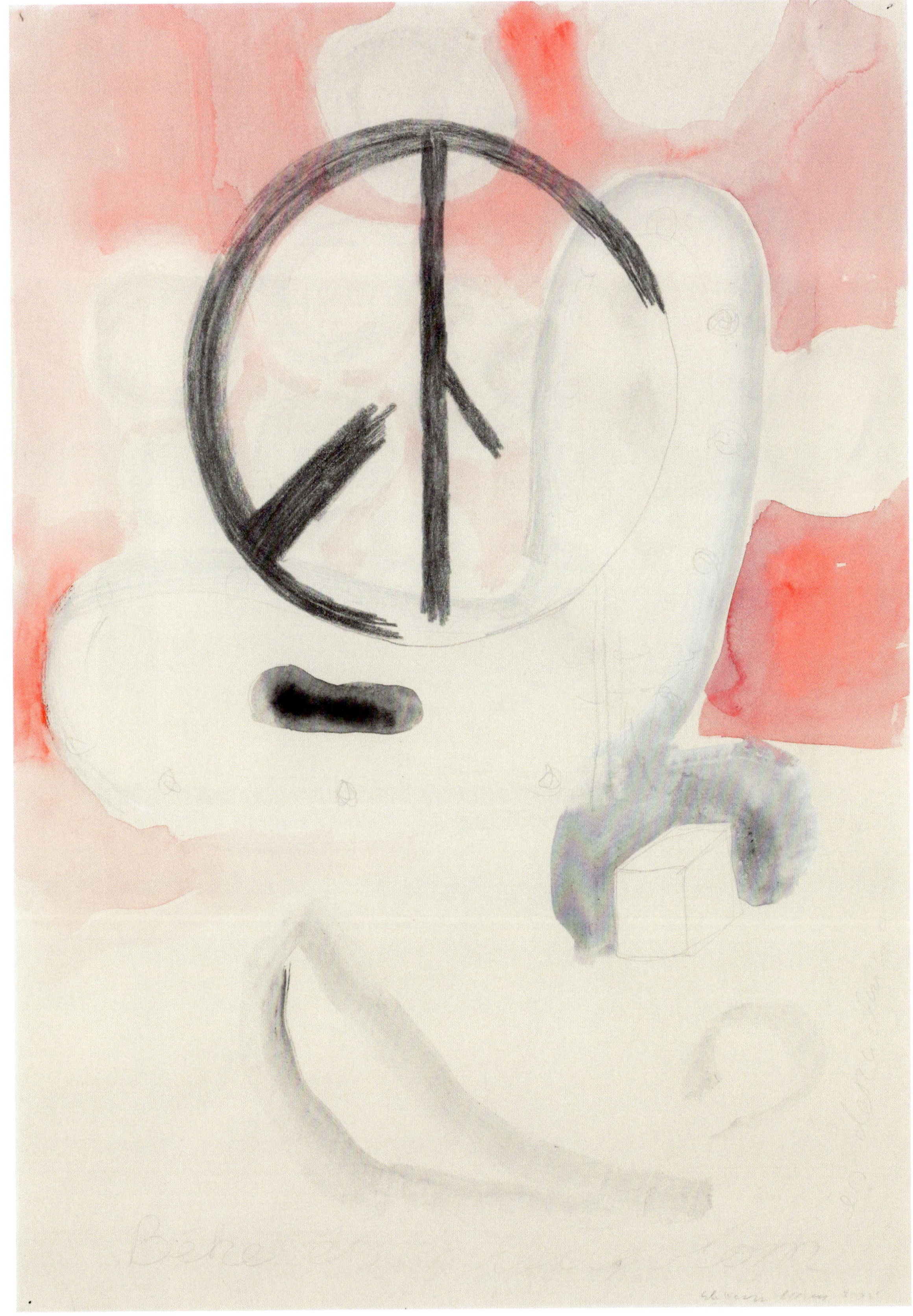

20
Peace—Tranquility and Decadence, 2002/03

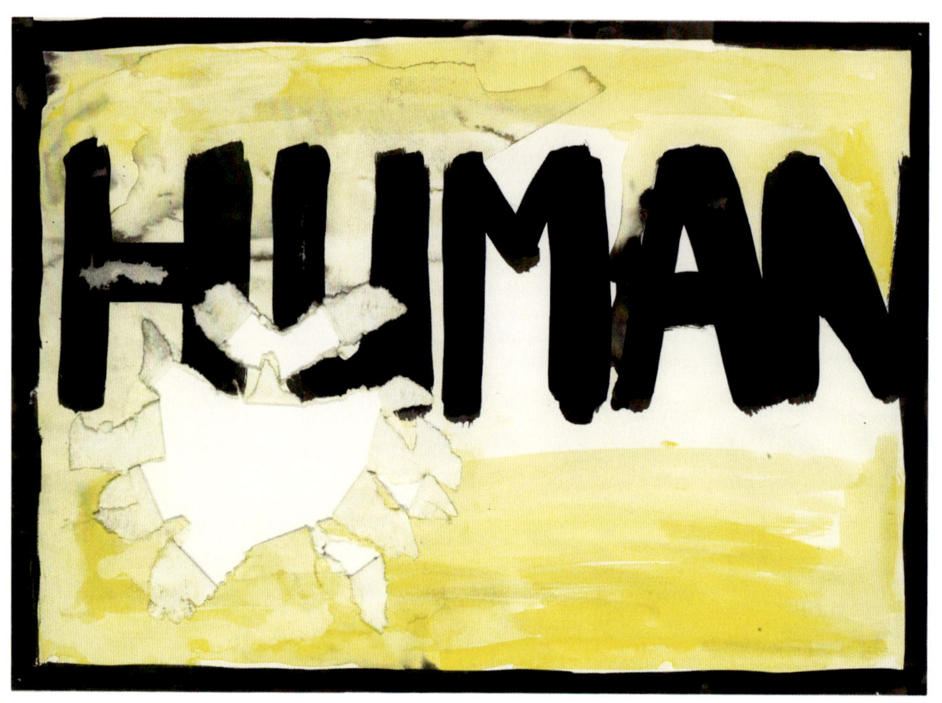

21
Untitled (Human), 2002/03

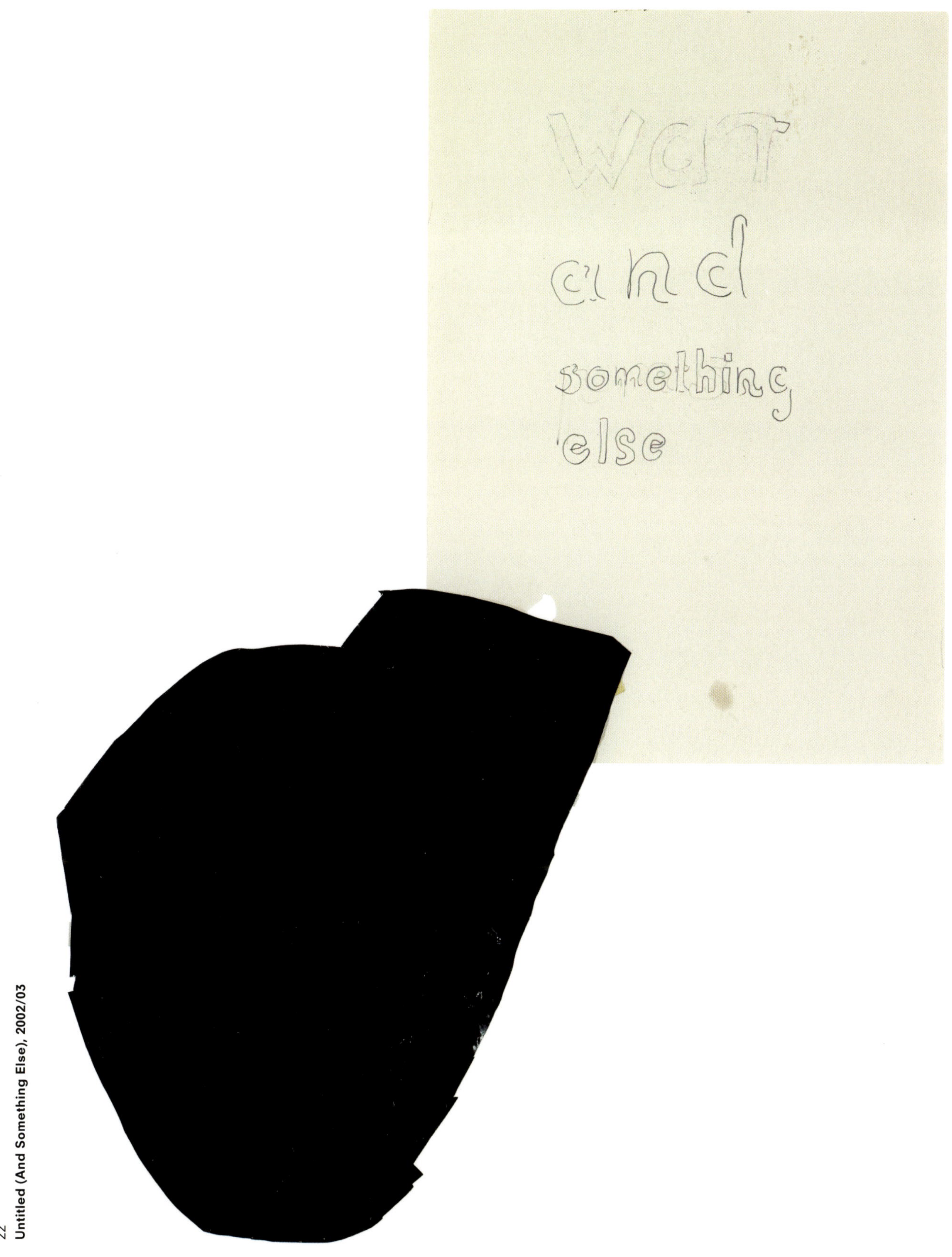

war
and
something
else

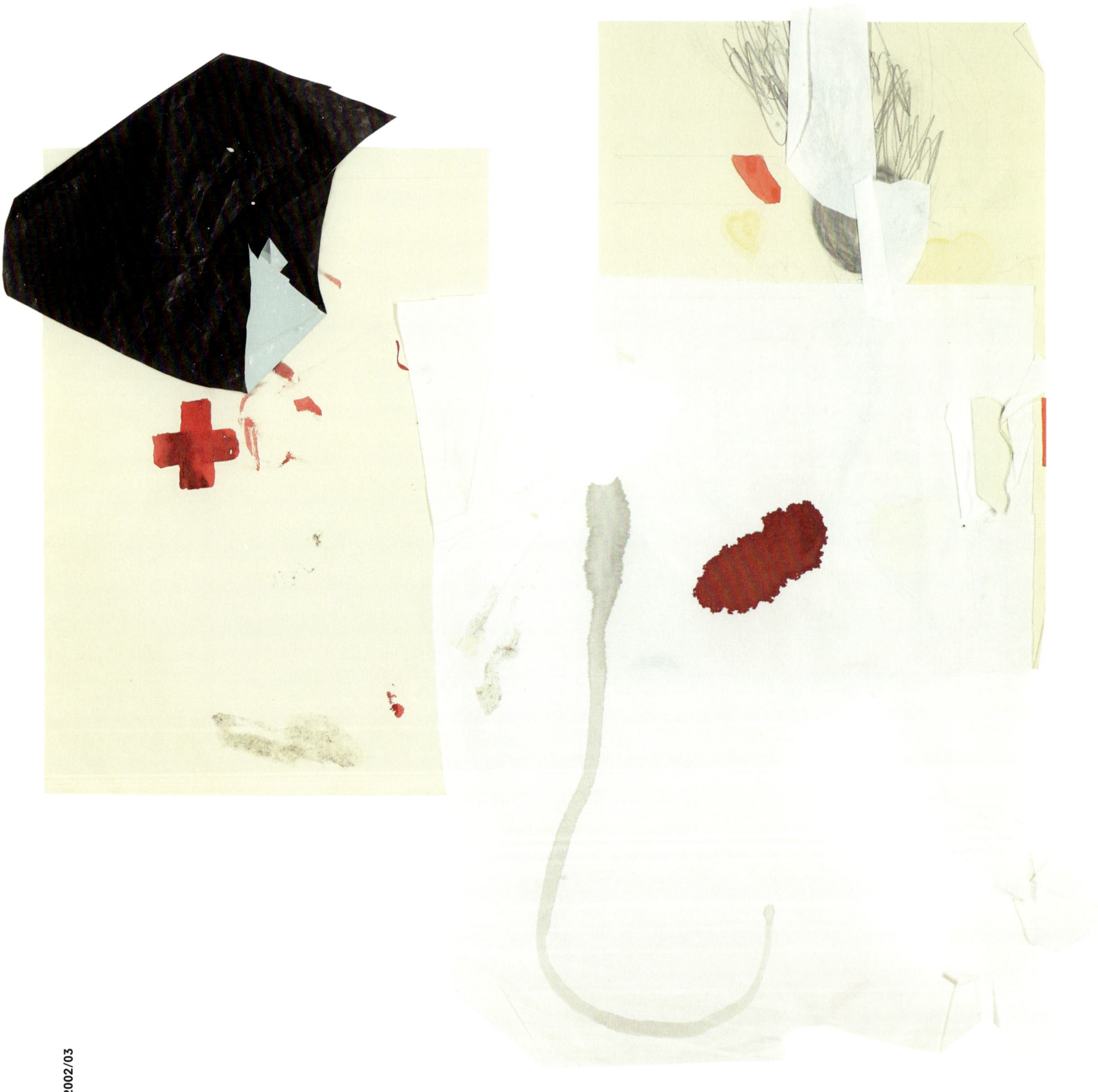

23
Untitled, 2002/03

24
Untitled (Even Me), 2002/03

NAM JUNE

26
Untitled (Duchamp's La Fontaine Pissoire as a Demonstration Object), 2002/03

27 Untitled (Demonstration Object), 2002/03

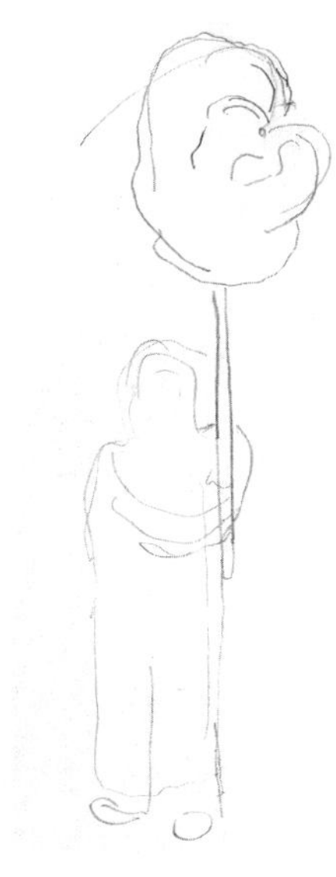

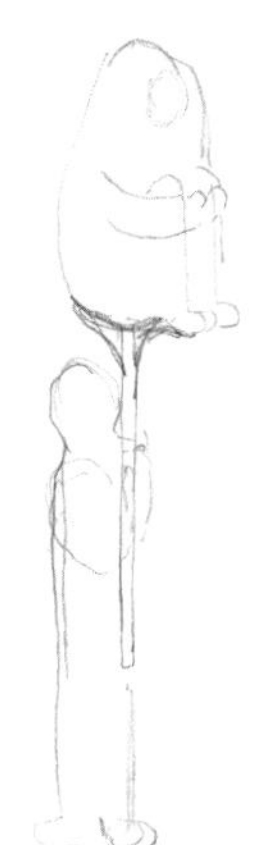

DIS

naivity
against
racism

DISARMENT

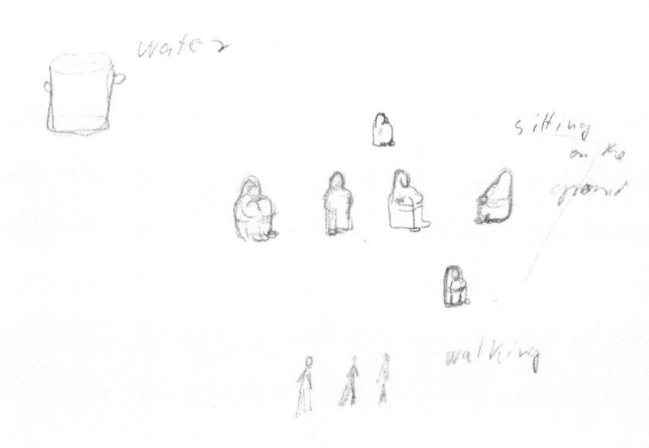

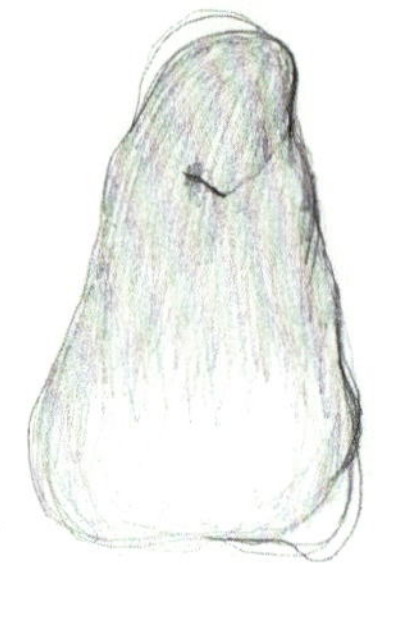

32
Untitled (Victim Drawing), 2002/03

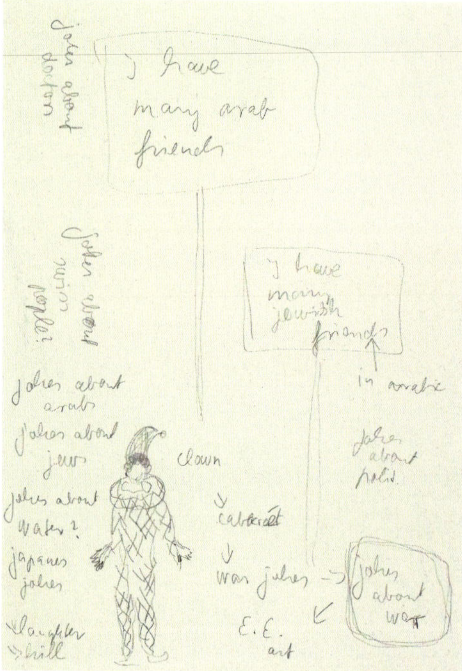

33
Untitled (Jokes about War), 2002/03

34
Untitled (God), 2002/03

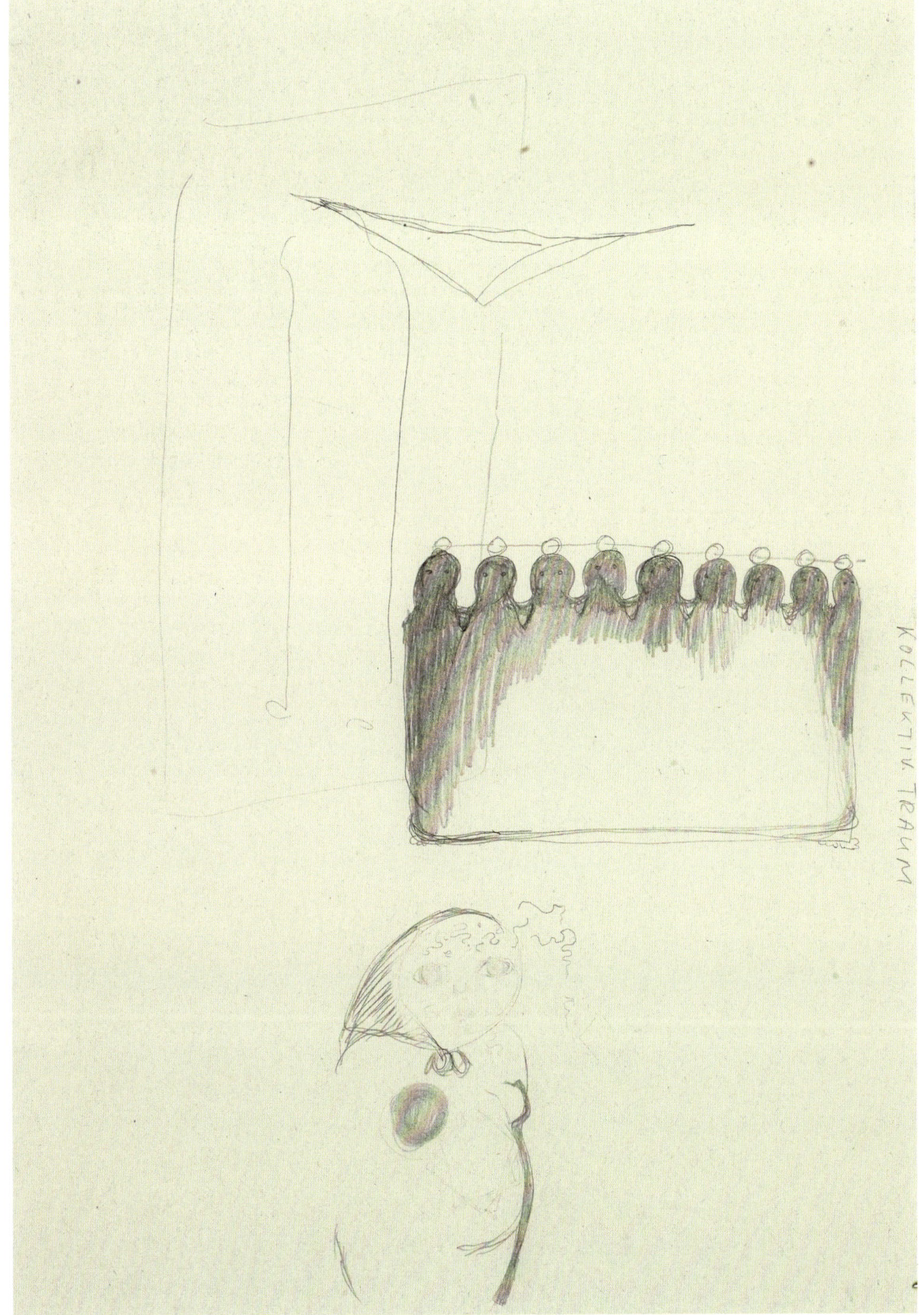

35
Untitled (Collective Dream), 2002

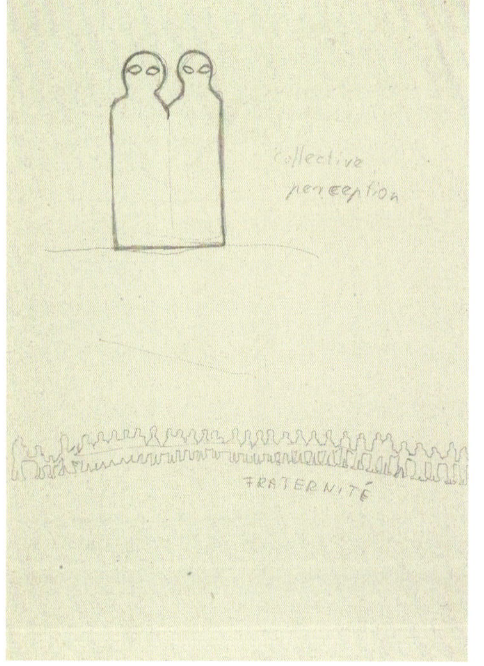

36
Untitled (Collective Perception / Fraternité), 2002/03

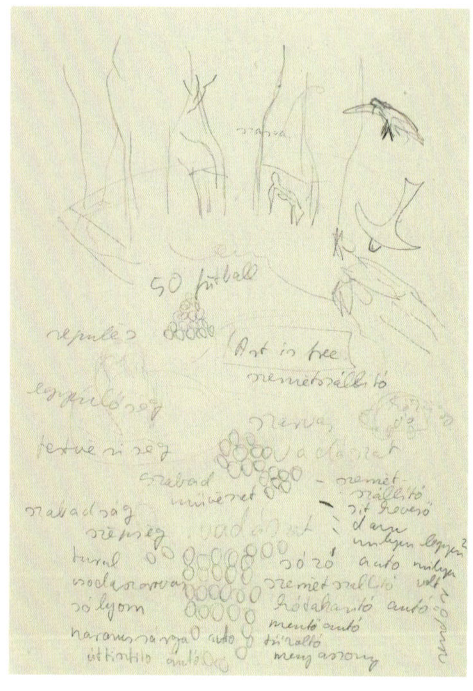

37
Untitled (Art Is Free), 2002/03

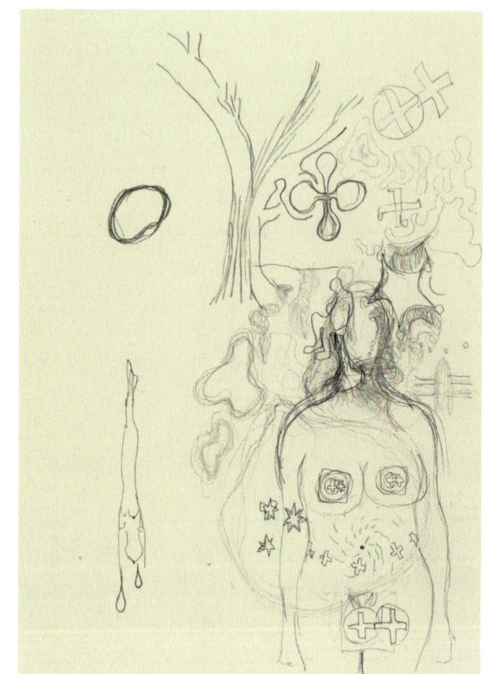

38
Untitled, 2002/03

39
Untitled, 2002/03
40
Untitled (Nature), 2002/03

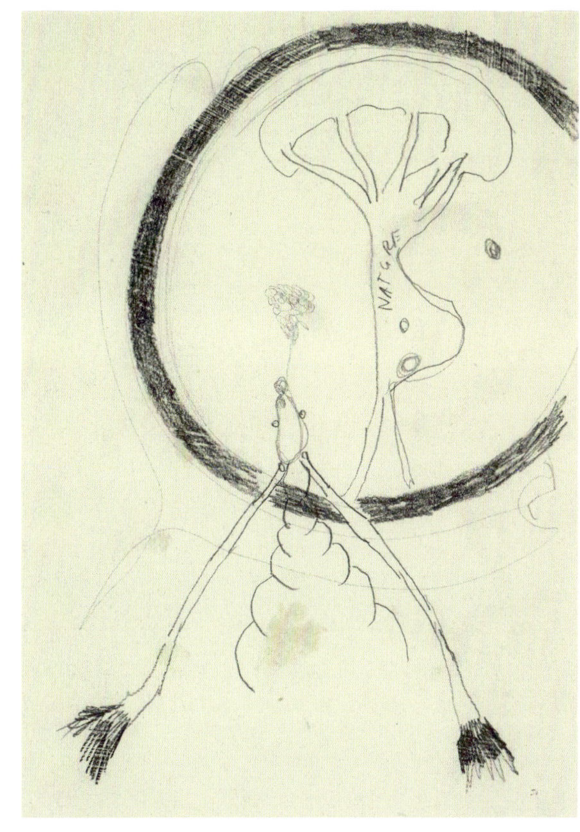

NATURE

41
Untitled, 2002/03
42
Untitled (This is an Art Performance), 2002/03

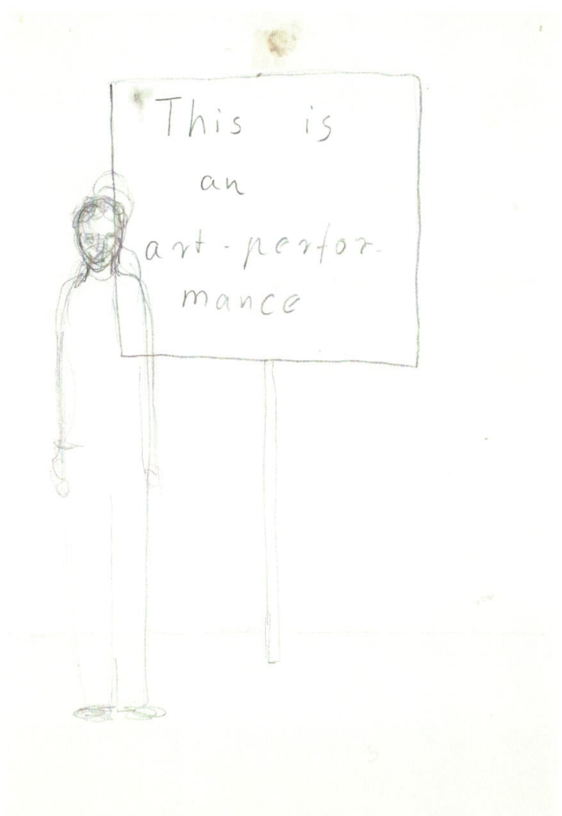

This is
an
art-perfor-
mance

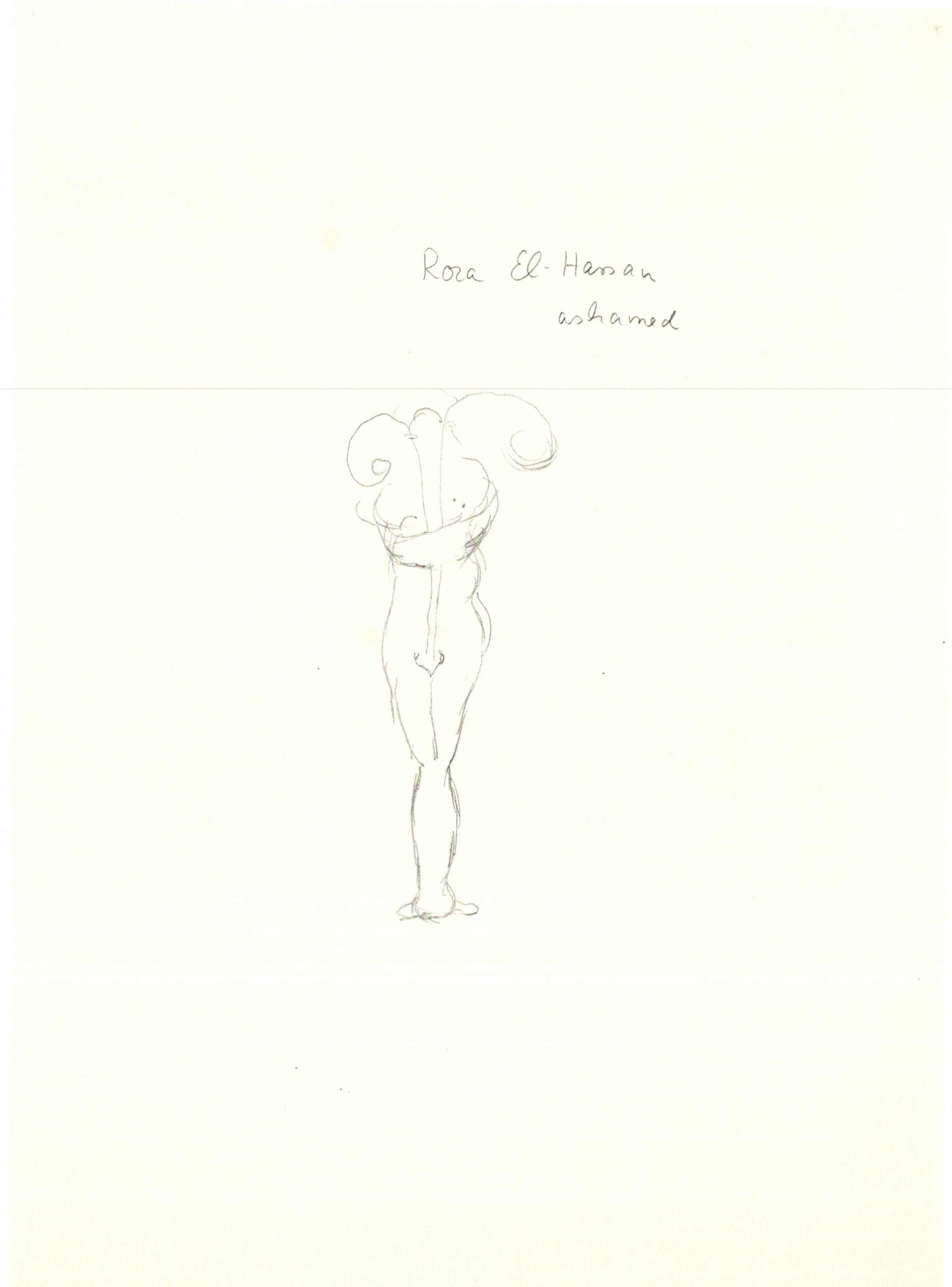

Roza El-Hassan
ashamed

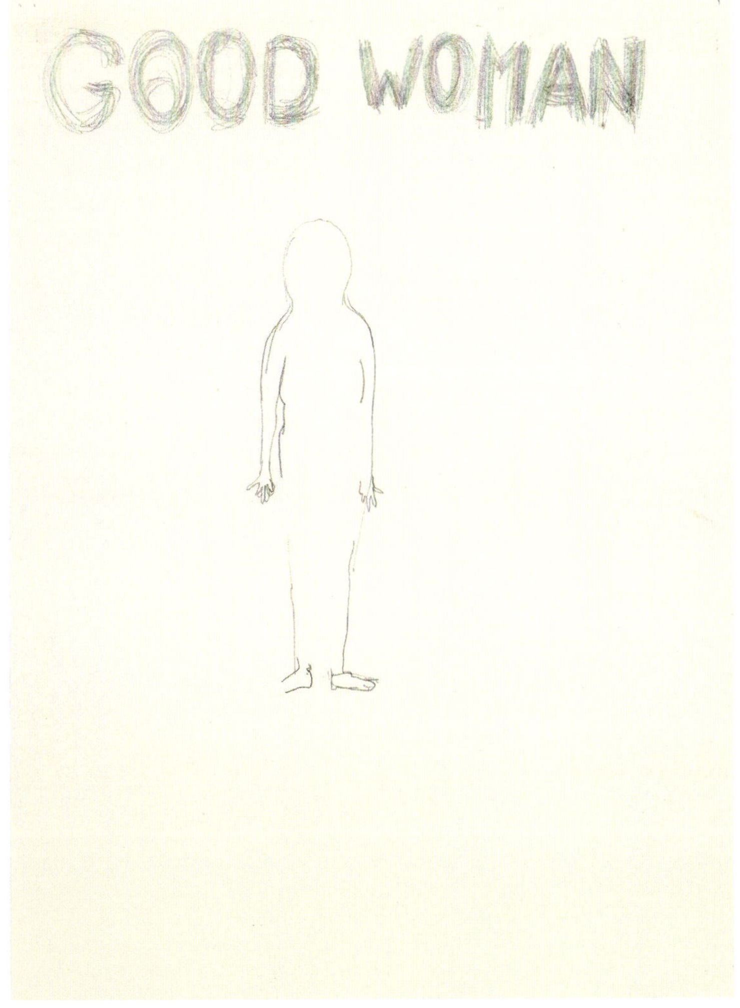

44
Untitled (Good Woman), 2002/03

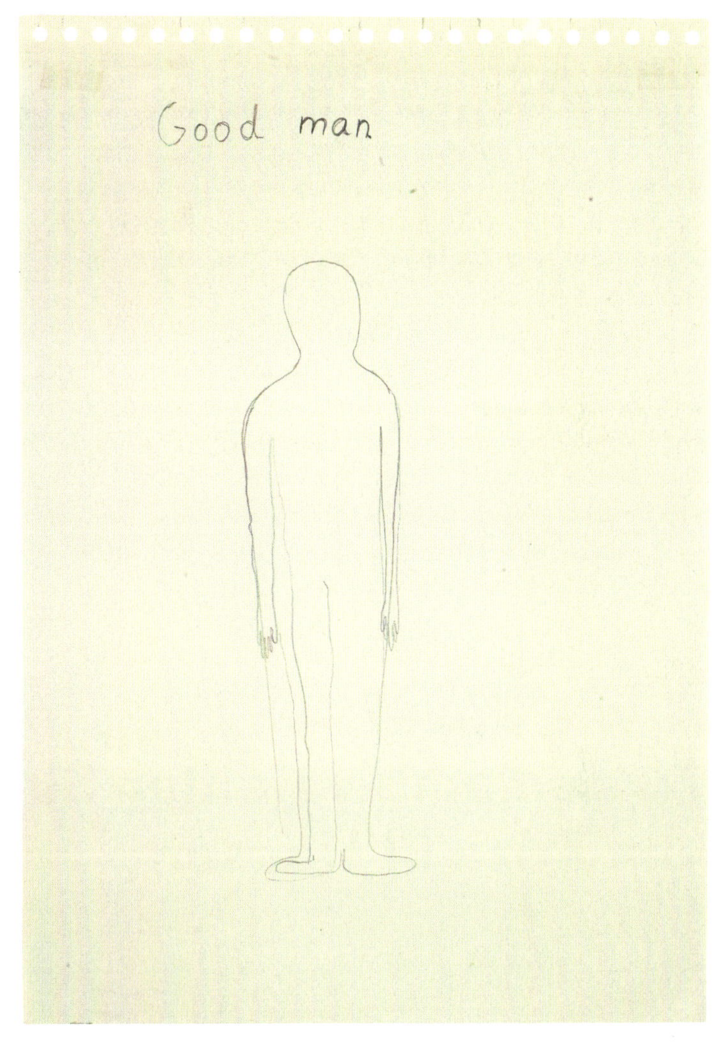

45
Untitled (Good Man), 2002/03

Es scheint, als seien die Objekte und Skulpturen von Róza El-Hassan stets zerstörerischen Kräften ausgesetzt. Von ihren »Stretched Objects« – Alltagsgegenständen, die von der Künstlerin mit Stahlseilen über Wände gespannt wurden, wie zum Beispiel »Stretched Drinking Glass« (1995; Kat. 58, Abb. S. 20) – bis zu den Holzskulpturen mit teilweise autobiografischen Zügen: Sie erscheinen fragil, fragmentiert und wieder zusammengesetzt und doch auf eine eigentümliche Weise robust, da sie sich offensichtlich mit dem Moment der Krafteinwirkung, der immanenten oder bereits vollzogenen Zerstörung und der daraus resultierenden Veränderung arrangiert zu haben scheinen.

Eine zentrale Stellung in El-Hassans Werk nimmt eine Figur namens »R.« ein. R. begegnet uns in Zeichnungen, Skulpturen und Performances. Sie kann verschiedene Gestalten annehmen, aber meist hockt sie in kauernder Haltung mit angezogenen Knien auf dem Boden. Zum ersten Mal taucht sie in einer Zeichnung mit dem Titel »Sketch for Sculpture and Performance ›R. Thinking / Dreaming about Overpopulation‹« (1999; Kat. 7, Abb. S. 30) auf. Die Skizze zeigt eine stark vereinfachte schwarze Gestalt. In dem Schwarz sind vier Erhebungen angedeutet, von denen die grösste als Kopf, eine kleinere darunter als Schulter und zwei weitere als Knie gelesen werden könnten. Dazwischen befindet sich etwas Rundes, Orangefarbenes. Die Strichführung deutet eine Linie von der Schulter über die Vorderseite der Knie an. So

wird aus dem schwarzen Etwas eine sitzende Figur, die die Arme um die Knie geschlungen hat und in ihrem Schoss einen orangefarbenen Ball hält. Nach der Skizze entstand die Skulptur »R. Thinking / Dreaming about Overpopulation I« (1999/2000; Kat. 60, Abb. S. 31). Der aus groben Holzlatten gezimmerte »Körper« ist gänzlich unter einem schwarzen Tuch versteckt, ein Gesicht ist dahinter lediglich angedeutet. Es ist vornehmlich die Tatsache, dass der schwarze Schleier an den Tschador, das traditionelle Bekleidungsstück muslimischer Frauen, erinnert, die uns in der Figur eine Frau sehen lässt und in dem orangenen Luftballon in ihrem Schoss die Abstraktion eines Babys. Oder ist es vielleicht gar kein Baby, sondern eine Fruchtblase?

R. denkt laut Titel über Überbevölkerung nach beziehungsweise träumt davon. Die Dualität des Begriffspaares »Thinking / Dreaming« – zwei unterschiedliche Bewusstseinszustände – impliziert eine Ambivalenz, die der rätselhaften Figur zugrunde liegt. Bei der Betrachtung kommen einem Begriffe aus der Tiefenpsychologie, Traumdeutung und Psychoanalyse in den Sinn und man könnte darüber spekulieren, welcher Teil Bewusstsein von R. über einen so abstrakten und mehrdeutigen Begriff wie Überbevölkerung nachdenkt und welcher davon träumt. »Unter dem Begriff der Überbevölkerung wird im Allgemeinen in sozial- und volkswirtschaftlichen Theorien der Zustand verstanden, wenn die Lebensbedingungen für eine bestimmte Menge der Bevölkerung zu

Eva Scharrer

R. wie Róza?
Zu den ambivalenten Skulpturen von Róza El-Hassan

Róza El-Hassan's objects and sculptures often seem to be exposed to latently destructive forces. This applies equally to her "Stretched Objects"—everyday objects that the artist has stretched over walls using steel cables, such as "Stretched Drinking Glass" (1995, cat. 58, fig. p. 20)—and to her makeshift wooden sculptures with autobiographical features: they appear fragile, fragmented, and reassembled, yet they are also peculiarly robust, as if they had come to terms with being subjected to external forces, with looming destruction or with destruction that has already taken place, and the transformation that comes with it.

Over the past decade, a figure named "R." has inhabited a central position in this oeuvre. We encounter her in drawings, sculptures, and performances. R. takes on various forms, but most of the time she sits on the floor in a crouched posture, her knees drawn up close to her chest. She appears for the first time in a drawing titled "Sketch for Sculpture and Performance 'R. Thinking / Dreaming about Overpopulation'" (1999, cat. 7, fig. p. 30), featuring a simplified black figure. Four curves are discernible in the black scribbling, one of which could be identified as a head, a smaller one below it as a shoulder, and the other two as knees. In between rests an orange blob. A line extending from the shoulder and curving around the knees completes the formless black mass so that it becomes a seated figure with its arms wrapped around its knees, holding an orange ball in its lap. The sculpture "R. Thinking / Dreaming about Overpopulation I" (1999/2000, cat. 60, fig. p. 31) is based on that sketch. The body constructed of wooden slats is hidden underneath a piece of black fabric, behind which a face is just barely discernible. The black fabric reminds us of the chador, the traditional garment of Muslim women, and it is mainly this that causes us to think the sculpture is female and to interpret the orange balloon as an abstract figure of a baby in her womb. Or perhaps it is not a baby we see, but simply an amniotic sac.

According to the title, R. is thinking—or dreaming—about overpopulation. The duality of the terms thinking/dreaming—two different activities involving different states of mind—suggests an ambivalent condition, which is fundamental to the enigmatic figure. It makes us think of psychoanalysis and the interpretation of dreams, and one wonders which part of R.'s consciousness is actually thinking about something as abstract and ambiguous as overpopulation, and which part is dreaming about it. "In social and economic theories, overpopulation describes a condition where an organism's numbers exceed the carrying capacity of its habitat. The term often refers to the relationship between the human population and its environment, the Earth."[1]

In a sculptural metaphor, Róza El-Hassan transposes her own subjective self onto a complex global problem of abstract dimensions. The orange balloon that rests

R. as in Róza?
On Róza El-Hassan's Ambivalent Sculptures

deren Reproduktion nicht mehr ausreichen und die Tragfähigkeit des Lebensraums überschritten wird. Der Begriff wird in den Sozialwissenschaften verwendet und beschreibt eines der zentralen Themen der Demografie und der Bevölkerungsgeografie«.[1]

In einer Art skulpturalen Metapher überträgt Róza El-Hassan ihr eigenes, subjektives »Ich« auf ein komplexes globales Problem von abstrakter Dimension. Der orangefarbene Ballon, der wie eine Fruchtblase in ihrem Schoss ruht, assoziiert den Traum von einem Baby, ebenso wie die vermeintlich gefährliche Blase der Überbevölkerung, die jederzeit zu platzen droht.

Die Bandbreite der Deutungsebenen reicht von der wohl persönlichsten und engsten aller menschlichen Beziehungen, nämlich der zwischen Mutter und Kind, bis hin zur grundsätzlichen Angst vor einer unbekannten und beliebig verallgemeinerten Masse, dem Fremden. Überbevölkerung, das sind immer die anderen.

Die Serie von Arbeiten mit dem Titel »R. Thinking / Dreaming about Overpopulation« entstand zur Zeit des Kosovokrieges und setzte sich nach den Anschlägen vom 11. September 2001 fort – also zu einer Zeit, die von Angst und Hass dem Anderen gegenüber geprägt war. Róza El-Hassan, die als Tochter eines syrischen Vaters und einer ungarischen Mutter in Budapest lebt, trägt die Dualität verschiedener Kulturen, der osteuropäischen und der arabi-

schen, bereits in ihrem Namen in sich. Sie ist arabischer Herkunft, definiert sich jedoch in der Regel als ungarische Künstlerin. Eine Gemeinschaftsarbeit mit der serbischen Künstlerin Milica Tomic, ebenfalls aus dem Jahr 1999, bestand aus kostenlos verteilten T-Shirts mit dem provokanten Slogan »I am overpopulation« – einer humorvollen Solidarisierung mit der feindlichen Übermacht als subtile Aktion gegen den allerorts schwelenden Fremdenhass (Abb. 1). In einer Serie von Zeichnungen mit dem Titel »Sketches for Overpopulation-Clothes« (2000), die meisten davon abstrakt, einige halb figürlich, taucht die orangerote Babyblase in unterschiedlichen Abstraktionsgraden wieder auf (Kat. 8, Abb. S. 32–34). Die Zeichnungen fungieren hier quasi als Destillate der künstlerischen Arbeit, in ihnen konzentrieren sich Gedanken und Gefühle. Damit stellen sie eine Verbindung von Róza El-Hassans früheren, eher formalen Objekten, Skulpturen und Zeichnungen zu ihrer performativ-aktionistischen Arbeit her. Gerade in dieser Konnexion liegt auch ein Schlüssel zu dem heterogenen Werk der Künstlerin, in dem, neben den subjektiven und poetischen Arbeiten, politischer Aktivismus eine essenzielle Rolle spielt.

Die Aktionsreihe »R. Thinking / Dreaming about Overpopulation – The Blood Donation Performance« (2001–2003) war inspiriert von der Absurdität der Schuldzuweisungen, die aus dem Gedanken einer Kollektivschuld nach den Attentaten des 11. Septembers 2001 auf Menschen arabi-

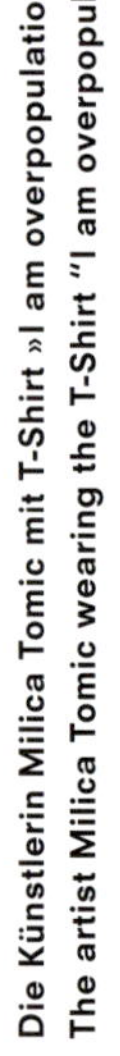

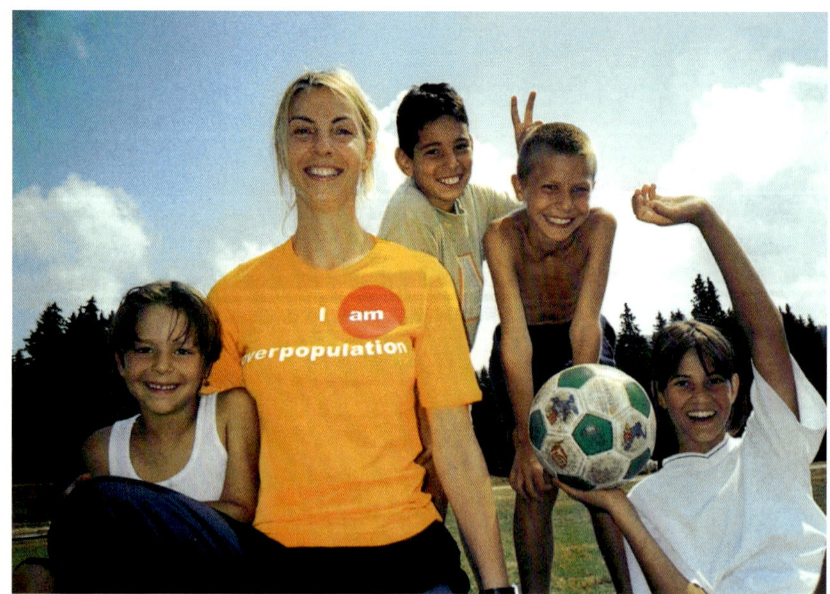

in her womb like an amniotic sac alludes to a woman's dream of a baby, and at the same time to the supposedly dangerous bubble of overpopulation, which is threatening to burst any minute. The scope of possible meanings ranges from the most personal and intimate of all human relations, that between mother and child, to the fundamental fear of an unknown and arbitrarily generalized quantity, the Other. For overpopulation always concerns other people.

The series of works that carry the title "R. Thinking / Dreaming about Overpopulation" was conceived at the time of the Kosovo war and was continued after 9/11—when the atmosphere was one of fear and hatred. Róza El-Hassan, who has a Syrian father and a Hungarian mother and lives in Budapest, already carries the duality of two cultures—Arabic and Eastern European—in her name. Although a woman of Arab descent, she generally defines herself as a Hungarian artist. A collaborative work with the Serbian artist Milica Tomic, also from 1999, involved distributing free T-shirts with the slogan "I am overpopulation"—a humorous gesture of solidarity with a hostile superior power, and at the same time a subtle campaign against the ubiquitous smoldering xenophobia (fig. 1). In a series of drawings titled "Sketches for Overpopulation—Clothes" (2000), most of them abstract, some figurative or semi-figurative, the orange-red baby-bubble reappears in different levels of abstraction (cat. 8, figs. pp. 32–34). The drawings can be seen as distillates of

the artistic process where thoughts and feelings are concentrated. They also serve as a bridge from El-Hassan's earlier, more formal objects, sculptures, and drawings, to the performative and activist works. Here also lies a key to the artist's oeuvre, in which, besides the more subjective and poetic works, political activism plays an important role.

The performance series "R. Thinking / Dreaming about Overpopulation—The Blood-Donation Performance" (2001–2003) was inspired by the sheer absurdity of the concept of "collective guilt," which was ascribed to people of Arab and/or Muslim descent after 9/11 (figs. 2, 3). As a response, Róza El-Hassan donated blood at different locations, and called on the local population to do likewise. In "The Blood-Donation Performance," the artist lay on an enlarged print of the much-publicized press photograph showing Palestinian leader Yassir Arafat donating blood to the victims of 9/11 (fig. 4). A photograph of El-Hassan's performance reappears in the sculpture "R. Thinking / Dreaming about Overpopulation, Yellow Sculpture" (2002/03, fig. 5). One of the most interesting aspects of this project, it turned out, were the very different responses it provoked at the places where it was performed. In Belgrade, where the performance took place for the first time on October 20, 2001, shortly after the NATO bombing, it was received very positively. In El-Hassan's hometown Budapest, however, it was censored by the Ludwig Museum because the institution

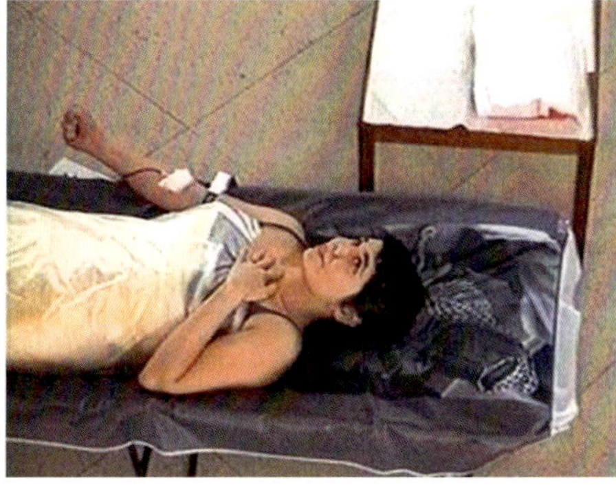

2　**Blutspende-Aktion in Belgrad (Filmstill) // The Blood-Donation Performance in Belgrade (film still), 2001**

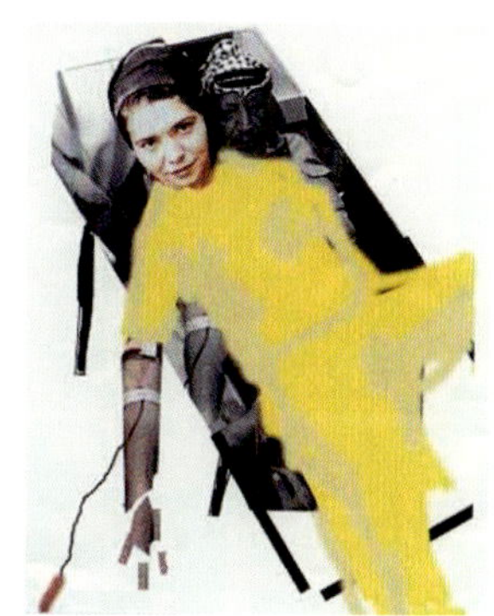

4　**Untitled, 2001**

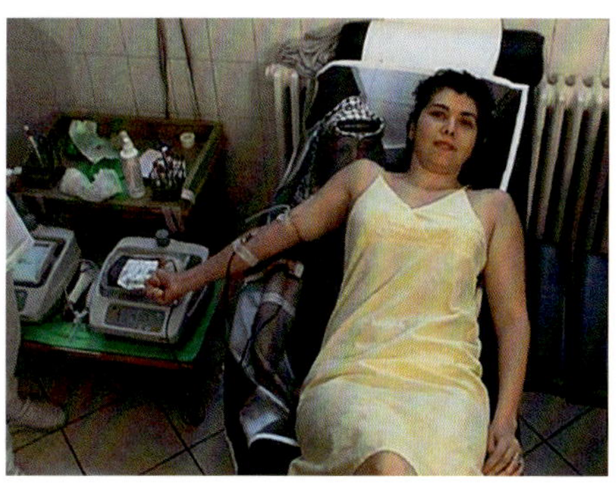

3　**Blutspende-Aktion in Budapest (Filmstill) // The Blood-Donation Performance in Budapest (film still), 2002**

scher oder muslimischer Abstammung projiziert wurden
(Abb. 2, 3). Als Antwort darauf spendete Róza El-Hassan an
verschiedenen Orten öffentlich Blut und forderte die Bevölkerung dazu auf, es ihr gleichzutun. Beim Blutspenden legte
sich die Künstlerin auf einen stark vergrösserten Ausdruck
des viel publizierten Pressebildes, das Palästinenserführer
Jassir Arafat beim Blutspenden für die Opfer des 11. Septembers zeigt (Abb. 4). Ein Foto davon taucht später in der
Skulptur »R. Thinking / Dreaming about Overpopulation,
Yellow Sculpture« (2002/03; Abb. 5) wieder auf. Interessant
waren im Nachhinein insbesondere die sehr unterschiedlichen Reaktionen, welche die Performance am jeweiligen Ort
auslöste: In Belgrad, wo sie am 20. Oktober 2001 kurz nach
der NATO-Bombardierung zum ersten Mal stattfand, wurde
die Aktion positiv aufgenommen. In El-Hassans Heimatstadt
Budapest wurde sie dagegen mit der Begründung zensiert,
der Institution – dem Ludwig Múzeum in Budapest – könnte
Antisemitismus vorgeworfen werden. Und bei der Performance an der Eidgenössischen Technischen Hochschule Zürich, im Rahmen einer Kooperation mit dem Schweizerischen
Roten Kreuz, durfte die Fotografie nicht verwendet werden,
da das Logo des SRK nicht mit der Person Arafats in Verbindung gebracht werden sollte.

    Zwischen 2001 und 2005 begab sich die Künstle-
rin in eine selbst gewählte Position der Isolation und des
Widerstandes, indem sie eine anarchistische und radikalfemi-
nistische Haltung – im Sinne einer Verneinung von Macht –
vertrat. Sie bezog sich dabei auf den Freiheits- und Neutra-
litätsbegriff der Kunst, etwa in dem Text »Der alltägliche
Missbrauch künstlerischer Autonomie«.[2]

    Doch zurück zu den Skulpturen, um die es hier
gehen soll, für die sich jedoch weitaus schwieriger eine adä-
quate Sprache oder Deutung finden lässt als für die poli-
tisch-aktionistischen Arbeiten, welche in ihrer Aussage relativ
klar formuliert sind. Die »R.«-Skulpturen dagegen sind von
einer hermetischen, fast intimen Subjektivität, sie sind verletz-
lich, sperrig, in sich zurückgezogen. »R. Thinking / Dreaming
about Overpopulation II« (2000, Abb. 6) zeigt ebenfalls eine
kauernde Figur, doch diesmal ist sie »nackt« – eine aus
Holzscheiten grob zusammengezimmerte Konstruktion ohne
Geschlecht, das Gesicht ist an dem sonst kahlen Schädel
lediglich angedeutet. Es scheint, als hätte die Figur ohne
Tschador und Babyballon auch ihre Weiblichkeit, ja ihre »Identität« verloren.

    Eine der zweiten »R.« ähnliche, ebenfalls mit an-
gezogenen Beinen kauernde und aus Holzlatten konstruierte,
jedoch fragiler wirkende Figur ohne Gesicht trägt den enig-
matischen Titel »Two Buddhists Visiting Hagar« (2005; Kat. 61,
Abb. S. 101). Über ihrem leeren Schoss hängt ein buddhistisches Wind- und Klangobjekt aus runden Scheiben von der
Decke, die mit Motiven der israelischen und palästinensischen Flagge dekoriert sind. Auch diese Skulptur verkörpert

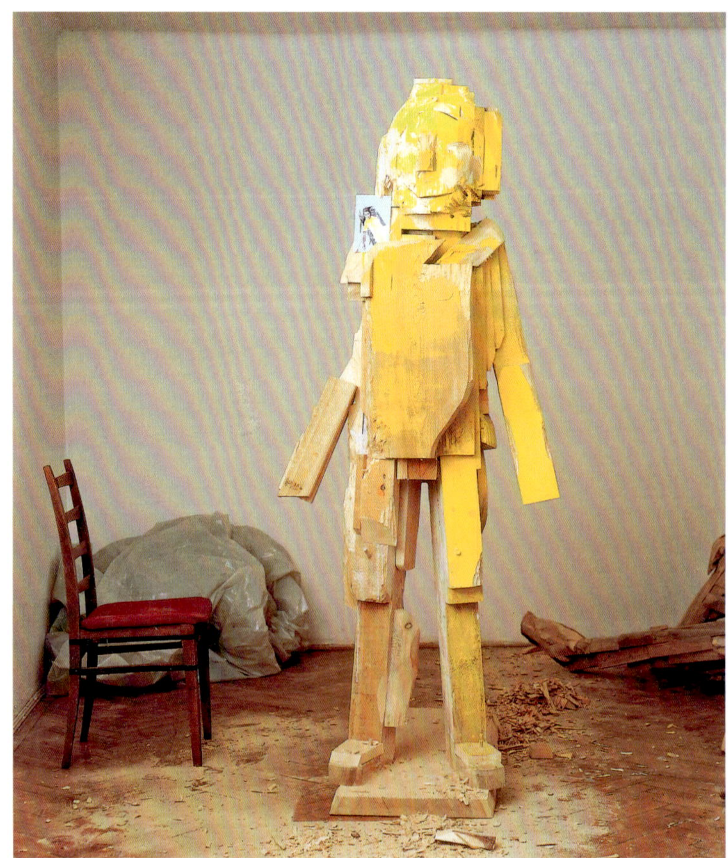

**R. Thinking / Dreaming about Overpopulation,
Yellow Sculpture, 2002/03**

feared it would be accused of anti-Semitism; and at the ETH in Zurich, where the project was conducted in collaboration with the Swiss Red Cross, the photograph could not be shown, because the organization did not want its logo to be associated with the image of Arafat.

Between 2001 and 2005 the artist withdrew from the art world into voluntary isolation and resistance, taking up an anarchistic and radically feminist stance, in the sense of a negation of power. El-Hassan here cited the concepts of freedom and neutrality in art, for example in her text "The Customary Abuse of Artistic Autonomy."[2]

But let us return to the sculptures, which are the focus of this text. Unlike the political-activist works, where the artist's intentions are relatively clear, the sculptures are much more difficult to describe or interpret. The R.-sculptures, in particular, are quite hermetic, almost intimately subjective—they are vulnerable, cumbersome, and withdrawn into themselves. "R. Thinking / Dreaming about Overpopulation II" (2000, fig. 6) also depicts a crouching figure, only this time it is "naked." A rather rough-shod construction of pieces of wood, it is genderless, and a face is merely suggested in the otherwise bald head. It is as if without the chador and the baby-balloon, the figure has lost her femininity, indeed, her identity.

Another sculpture, of a figure crouching in a similar position to the second "R." and likewise assembled from wooden slats, appears more fragile and does not have a face at all. It is enigmatically titled "Two Buddhists Visiting Hagar" (2005, cat. 61, fig. p. 101). Buddhist wind-chimes hang from the ceiling above her empty womb. They are assembled of circular disks decorated with motifs from both the Israeli and Palestinian flags. This sculpture, once again, embodies a fundamental duality or ambiguity: the biblical figure Hagar has different histories and connotations in the Jewish, Christian, and Muslim traditions. Hagar was the female Egyptian slave who gave birth to Ismael, the first son and would-be heir of Abraham. However, after Sara, Abraham's initially infertile wife, had given birth to her own son, Israel, Hagar was humiliated and eventually outcast. In the Christian tradition, therefore, Hagar symbolizes Judaism being supplanted by Christianity. According to the Koran, Ismael and his father Ibrahim / Abraham were the architects of the Kaaba, the holy shrine of Mecca. In her double-role as the dismissed surrogate mother of the Jews, and the mother of the Arabs, Hagar epitomizes—together with Sara—one aspect of the internal conflict between Arabs and Jews, which, so the story goes, has its origin in the discord between two women. At the same time, Hagar is also said to be the one who was protected by the "One God" before the two Semitic tribes were separated. In her complex persona, willfully interpreted and assimilated by different religions, she represents the involuntary embodiment of a fundamental and seemingly irresolv-

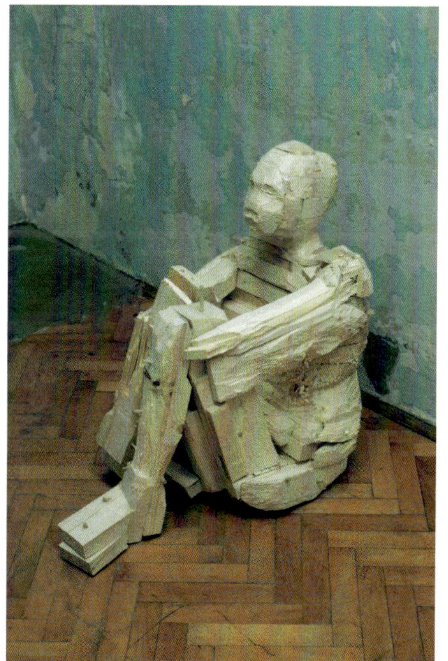

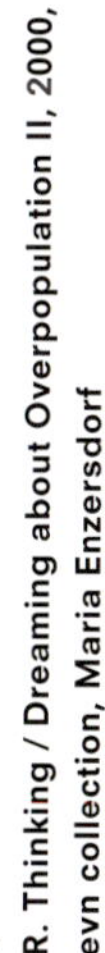
6 R. Thinking / Dreaming about Overpopulation II, 2000, evn collection, Maria Enzersdorf

eine fundamentale Dualität oder Mehrdeutigkeit: Die biblische Figur Hagar hat in der jüdischen, christlichen und muslimischen Überlieferung jeweils eine andere Geschichte. Die ägyptische Sklavin, die den ersten Sohn und vermeintlichen Stammhalter Abrahams, Ismael, zur Welt brachte, aber gedemütigt und vertrieben wurde, als dessen Ehefrau Sara ein eigenes Kind, Isaak, gebar, symbolisiert in der christlichen Überlieferung das vom Christentum überholte Judentum. Nach dem Koran ist Hagars Sohn Ismael, zusammen mit seinem Vater Ibrahim / Abraham, der Erbauer der Kaaba, des heiligen Schreins von Mekka. Hagar verkörpert in ihrer Rolle als verstossene Leih- und Urmutter der Araber neben Sara einen Teil des Konflikts zwischen Arabern und Juden, der der Überlieferung nach durch die Zwietracht zweier Frauen gesät wurde. Gleichzeitig ist sie aber auch diejenige, auf die Gott ein Auge hatte, bevor sich die Trennung zwischen den beiden semitischen Völkern vollzog. Sie repräsentiert in ihrer komplexen, von verschiedenen Religionen mutwillig interpretierten und assimilierten Person die unfreiwillige Verkörperung eines fundamentalen und scheinbar unlösbaren Widerspruchs – einer Situation, über die Edward W. Said sagte: »Jeder, der ernsthaft versucht hat, den heutigen Nahen Osten zu untersuchen, gelangt schnell zu der Schlussfolgerung, dass es ein nicht zu bewältigendes Projekt ist.«[3]

Der im Titel der Arbeit beschworene Moment, in dem die nackte, kauernde und gänzlich konstruierte Figur der Hagar von zwei Buddhisten aufgesucht wird, erinnert an eine christliche Verkündigungsszene. Man könnte die Arbeit als sarkastischen Kommentar zu der seit der Zeit des Alten Testaments bis heute bestehenden Absurdität religiös bedingter politischer Konflikte deuten. Hagar werden zwei Botschafter einer fremden Religion gesandt, wie um nach dem Akt der (Selbst-)Zerstörung wieder Frieden einkehren zu lassen.

Róza El-Hassan legt ihren Arbeiten einen subjektiven Glauben an die Überflüssigkeit der Nahostkonflikte und einen trotzigen Willen zum Widerstand zugrunde. Naiv[4] und komplex zugleich eröffnen sie in ihrer figürlichen Präsenz jedoch noch ein erweitertes Interpretationsfeld jenseits der durch Titel, Worte oder Symbole implizierten Aussage.

Eine Assoziation ist zum Beispiel Marcel Duchamps »Fountain« aus dem Jahr 1917. Eine Zeichnung El-Hassans von 2011, die ebenfalls mit »R.« unterzeichnet ist und den Titel »The Artist as Beggar« trägt (Abb. 7), zeigt eine sitzende Figur, die in ihrem schematischen Umriss und der formalen Ambiguität an das berühmte umgedrehte und somit zweckentfremdete, mit »R. Mutt« signierte Pissoir erinnert,[5] das erstmals in einer Fotografie von Alfred Stieglitz in der Zeitschrift »The Blind Man« abgebildet wurde (nachdem es aus seiner ersten Ausstellung in der Society of Independent Artists in New York entfernt worden war) und dort ironischerweise als »Buddha of the Bathroom« bezeichnet wurde (Abb. 8).

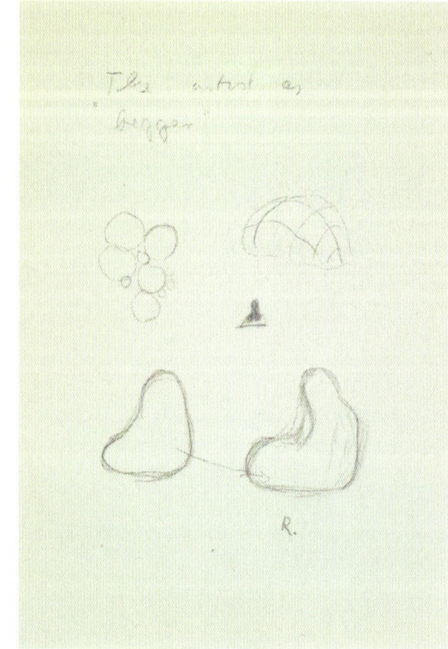

7 The Artist as Beggar, No. 2, 2011

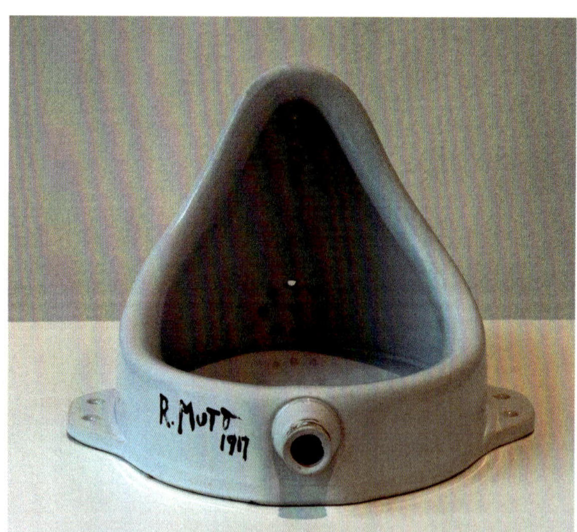

8 Marcel Duchamp, Fountain (Replik // Replica), Moderna Museet, Stockholm

able contradiction—a situation still present today, of which Edward E. Said once said: "Anyone who has seriously tried to examine the contemporary Near East is frequently tempted to conclude that the project is an unmanageable one."[3]

The moment evoked by the work's title, in which two Buddhists approach the naked, crouching, and entirely constructed figure of Hagar, recalls a Christian Annunciation scene. One could read the work as a sarcastic commentary on the absurdity of religion-based political conflicts that have their roots in the Old Testament. Two ambassadors from a foreign religion are sent to Hagar as if to negotiate and make peace again after the act of (self-)destruction.

Apparently naïve[4] yet complex at the same time, Róza El-Hassan's works are informed by a subjective belief in the redundancy of the conflict in the Middle East, and by a defiant will to resist. But their physical presence and formal language open up an expanded field of meaning beyond the obvious conclusions implied by words, titles, or symbols.

One association is with Duchamp's "Fountain" of 1917. A drawing titled "The Artist as Beggar" (fig. 7), dated 2011 and signed with "R.," depicts a seated figure whose schematic outline and formal ambiguity recalls the famous urinal[5] that was stripped of its familiar function by being portrayed upside down and was signed with "R. Mutt." "Fountain" (fig. 8) was first depicted in a photograph by Alfred Stieglitz in the journal "The Blind Man," where it was described as "Buddha of the Bathroom" (after it had been removed from its first exhibition at the Society of Independent Artists). But "The Artist as Beggar" also refers to another actionist work by Róza El-Hassan, which is linked to the R.-sculptures.

"R. Thinking / Dreaming about Overpopulation—Moszkva Square" (2003, fig. 9) was conceived in the context of an art project on a public square in Budapest. El-Hassan put one of the R.-sculptures—a makeshift wooden mannequin without clothes—out on Moscow Square in Budapest, which is frequented mainly by unemployed, day laborers, beggars, alcoholics, drug addicts, and other misfits, and left it there at the mercy of whatever reaction came. The idea was to establish a dialogue, to find out whether the sculpture would become an object of identification or an object of hate. The reactions were indeed very diverse. Initially, there were some touching scenes in which the inhabitants of the square tried to communicate with the strange sculpture, looked after her, used her to help them beg by putting a plastic cup between her wooden knees, or even dressed her in their own clothes. But in the end, R. became the victim of vandalism, albeit not necessarily by the inhabitants of the square. She was battered and abused, and one of her arms was broken off. By the end of the summer, the sculpture had disappeared altogether and remained missing despite a reward being offered to anyone who managed to find her.

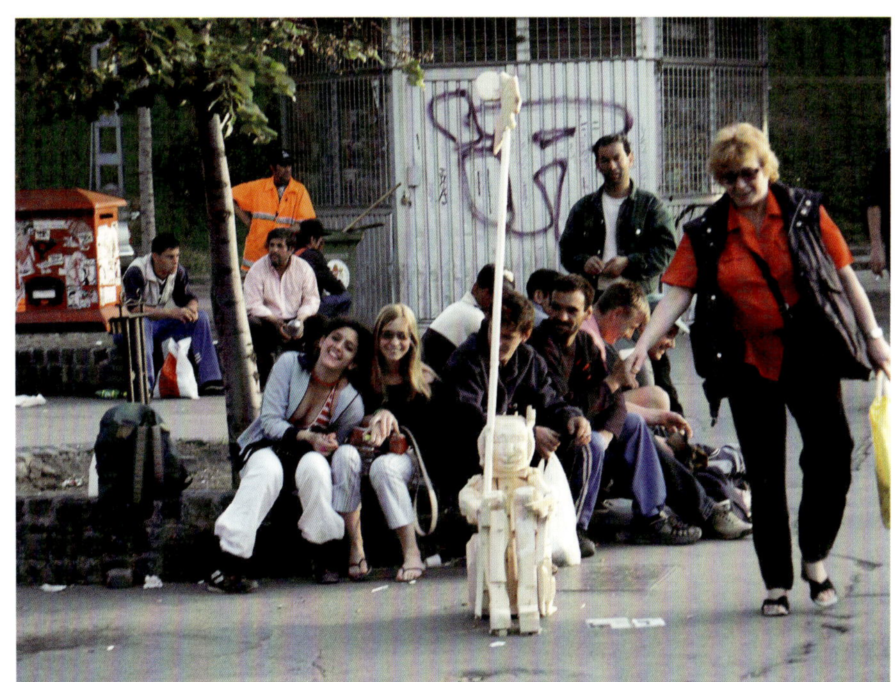

9   **R. Thinking / Dreaming about Overpopulation – Moszkva Square, 2003**

»The Artist as Beggar« verweist jedoch noch auf eine weitere aktionistische Arbeit Róza El-Hassans, die mit den »R.«-Figuren in Zusammenhang steht: »R. Thinking / Dreaming about Overpopulation – Moszkva Square« (2003, Abb. 9) entstand im Rahmen einer Kunstaktion an einem öffentlichen Platz in Budapest. El-Hassan platzierte dabei eine der »R.«-Skulpturen – eine unbekleidete, ärmlich gezimmerte Holzfigur – an eben jenen Moskauer Platz in Budapest, der hauptsächlich von Arbeitslosen, Bettlern, Obdachlosen, Tagelöhnern, Alkoholikern und Drogenabhängigen frequentiert wird und lieferte sie den wie auch immer gearteten Reaktionen aus. Ziel der Aktion war es, einen Dialog zu suchen, herauszufinden, ob die Skulptur als Identifikationsfigur angenommen werden kann oder zum Hassobjekt wird. Die Reaktionen waren in der Tat äusserst unterschiedlich. Nach anfänglichen anrührenden Szenen, in denen die »Bewohner« des Platzes sich mit der seltsamen Figur sozialisierten, sie beschützten, beim Betteln einsetzten, indem sie ihr eine Plastiktasse zwischen die hölzernen Knie klemmten oder sie sogar bekleideten, fiel R. am Ende doch der Zerstörungswut von Vandalen zum Opfer (welche jedoch nicht unbedingt nur aus Kreisen der gesellschaftlich Ausgestossenen kamen). Sie wurde misshandelt und scheinvergewaltigt, ihr wurde ein Arm ausgerissen, und am Ende des Sommers war die Skulptur ganz verschwunden und tauchte trotz eines öffentlichen Finderlohnangebotes nie wieder auf. Die Zerstörung der Figur und ihr schliess-

liches Verschwinden wurden somit zu einem Teil der Arbeit. Der Akt der Zerstörung war zwar von der Künstlerin nicht unbedingt im Konzept vorgesehen – für El-Hassan steht nach wie vor die Möglichkeit des Dialogs im Vordergrund – doch er wurde bewusst in Kauf genommen. Indem sie die Wahrscheinlichkeit des Scheiterns in ihre Arbeit integriert, bewahrt sie ihr eine grundsätzliche Offenheit. Die Verhältnisse von Kraft und Wirkung, Aktivität und Passivität, Täter und Opfer werden von El-Hassan gezielt verschoben und immer wieder neu in Frage gestellt. Die offen zur Schau getragene Verletzlichkeit des Werks wird zu seiner inneren und sich selbst erneuernden Kraft. So ist auch die zerstörte und verschwundene »R«.-Figur vom Moskauer Platz wieder auferstanden: in der Skulptur »Red Man« (2006, Abb. 10), die als Bettler im Ausstellungsraum sitzt.

R. / Hagar verkörpern individuelle Konflikte zwischen zwei Kulturen lebender, entwurzelter Menschen, sie solidarisieren sich mit Heimatlosen, Bettlern, gesellschaftlich Ausgestossenen und alleinstehenden Frauen und Müttern. Ihre offen zur Schau gestellte Subjektivität mag provozierend wirken – aber genau diese Haltung macht wiederum ihre Präsenz aus.

1 Siehe Wikipedia: http://de.wikipedia.org/wiki/Überbevölkerung (28.9.2011).
2 Róza El-Hassan, »The Customary Abuse of Artistic Autonomy«, in: Art Always Has its Consequences. Artists' Texts from Croatia, Hungary, Poland, Serbia 1947–2009, hrsg. von Dóra Hegyi u. a., Berlin 2011. Wiederholt sah sich El-Hassan in ihrer künstlerischen Arbeit der Zensur ausgesetzt. Auf der Sharjah Biennale von 2005 konnte zum Beispiel das Video zu der andernorts aus ganz anderen Gründen zensierten Blutspende-Performance nicht gezeigt werden. Die Künstlerin wurde gebeten, die lokale Kultur zu respektieren und auf die Darstellung nackter Körperteile zu verzichten. Stattdessen wurde die Skulptur »Two Buddhists Visiting Hagar« (Kat. 61, S. 101) in Verbindung mit einer Performance gezeigt, in der die arabische Performerin im traditionellen schwarzen Gewand einen sehr emotionalen und psychoanalytischen Text über muslimische Frauenschicksale vortrug. Ab 2005 wandte sich El-Hassan von ihrer radikalfeministischen Haltung und deren Bildsprache ab, die politische Brisanz ihrer Arbeit blieb jedoch erhalten. In Damaskus, Syrien, wurde ihre für August 2010 geplante Einzelausstellung abgesagt, da die konzeptuelle Arbeit »Stretched Chair« (1995) als Kritik an der Assad Diktatur gedeutet wurde (siehe Abb. S. 44). In ihrem neuesten Projekt entwarf sie eine Tasche, die von den ärmsten Korbflechtern der Roma in Ungarn produziert werden soll und die Aufschrift »No Corruption« trägt (2009–2011, siehe Abb. S. 62).
3 Edward W. Said, The Politics of Dispossession. The Struggle for Palestinian Self-Determination, 1969–1994, New York 1995, S. 3.
4 Siehe dazu auch El-Hassans Zeichnungen mit dem Slogan »Naivity against Racism«, 2002/03 (Kat. 31, Abb. S. 81).
5 Eine ähnliche Zeichnung von 2002/03 ist betitelt mit »Duchamp's La Fontaine Pissoire as Demonstration Object« und stellt damit eine direkte Referenz dar (Kat. 26, Abb. S. 79).

Thus, the destruction and disappearance of the figure became part of the work. Although this act of destruction was not part of the artist's original concept—since for her, the work was primarily about trying to create a dialogue—she ultimately accepted this turn of events. By incorporating the possibility of failure into her working process, El-Hassan maintains a conceptual openness. She deliberately shifts and questions the relationships of cause and effect, activity and passivity, perpetrator and victim; the openly displayed vulnerability of the work becomes its inner and self-renewing potential. In this way, after the sculpture from Moscow Square had been destroyed and disappeared, it came to life again in the sculpture "Red Man" (2006, fig. 10) that sits on the floor of the exhibition space as a beggar.

R. / Hagar embody the individual conflicts of people who live between cultures or who are uprooted; they show solidarity with the homeless, beggars, outcasts, and single women or mothers. While their subjectivity and rather clumsy forms might make them appear displaced and provocative—this is at the same time the very thing that gives them such a strong presence.

1 See Wikipedia: http://en.wikipedia.org/wiki/Overpopulation (accessed October 3, 2011).

2 Róza El-Hassan, "The Customary Abuse of Artistic Autonomy," in "Art Always Has its Consequences. Artists' Texts from Croatia, Hungary, Poland, Serbia 1947–2009," edited by Dóra Hegyi et al. (Berlin, 2011). Róza El-Hassan's work has been subjected to censorship on more than one occasion. At the Sharjah Biennial 7 in 2005, for example, the video of the blood-donation performance—previously censored at other venues for very different reasons—could not be shown. The artist was asked by the organizers to respect the local culture and to refrain from showing exposed body parts. Instead, El-Hassan's sculpture "Two Buddhists Visiting Hagar" (cat. 61, p. 101) was shown, alongside a performance in which the Arab performer, dressed in the traditional black robes, recited a highly emotional and psychoanalytical text about the individual fates of Muslim women. After 2005, El-Hassan retreated from her radical feminist position and its iconography, but her work remained politically explosive. In Damascus, Syria, a solo exhibition planned for 2010 was cancelled, because the conceptualist sculpture "Stretched Chair" (1995) was perceived as a criticism of the Assad dictatorship (fig. 1, p. 44). In her latest project, the artist designed a bag to be produced by the poorest Roma basket-weavers in Hungary, bearing the inscription "No Corruption" (2009/2011, see fig. p. 62).

3 Edward W. Said, "The Politics of Dispossession: The Struggle for Palestinian Self-Determination, 1969–1994" (New York, 1995), p. 3.

4 See, for instance, El-Hassan's drawings with the slogan "Naivety against Racism," 2003 (cat. 31, fig. p. 81).

5 A very similar drawing from 2002/03 is titled "Duchamp's La Fontaine Pissoire as a Demonstration Object" and thus constitutes a direct reference (cat. 26, fig. p. 79).

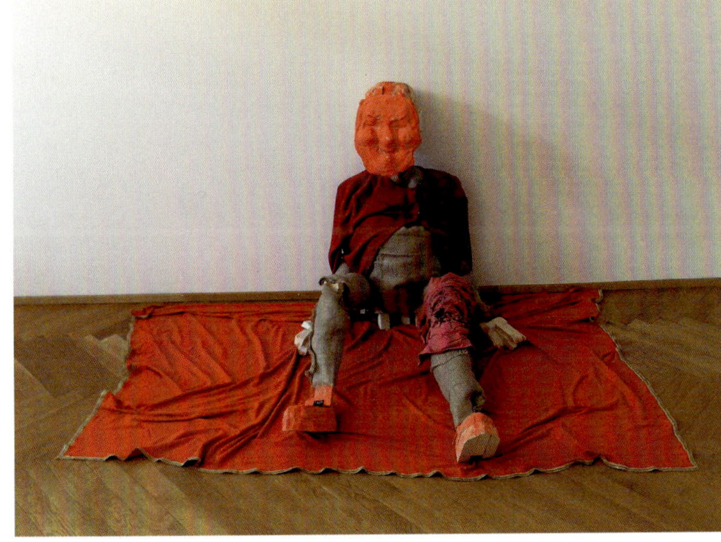

Red Man, 2006

#3

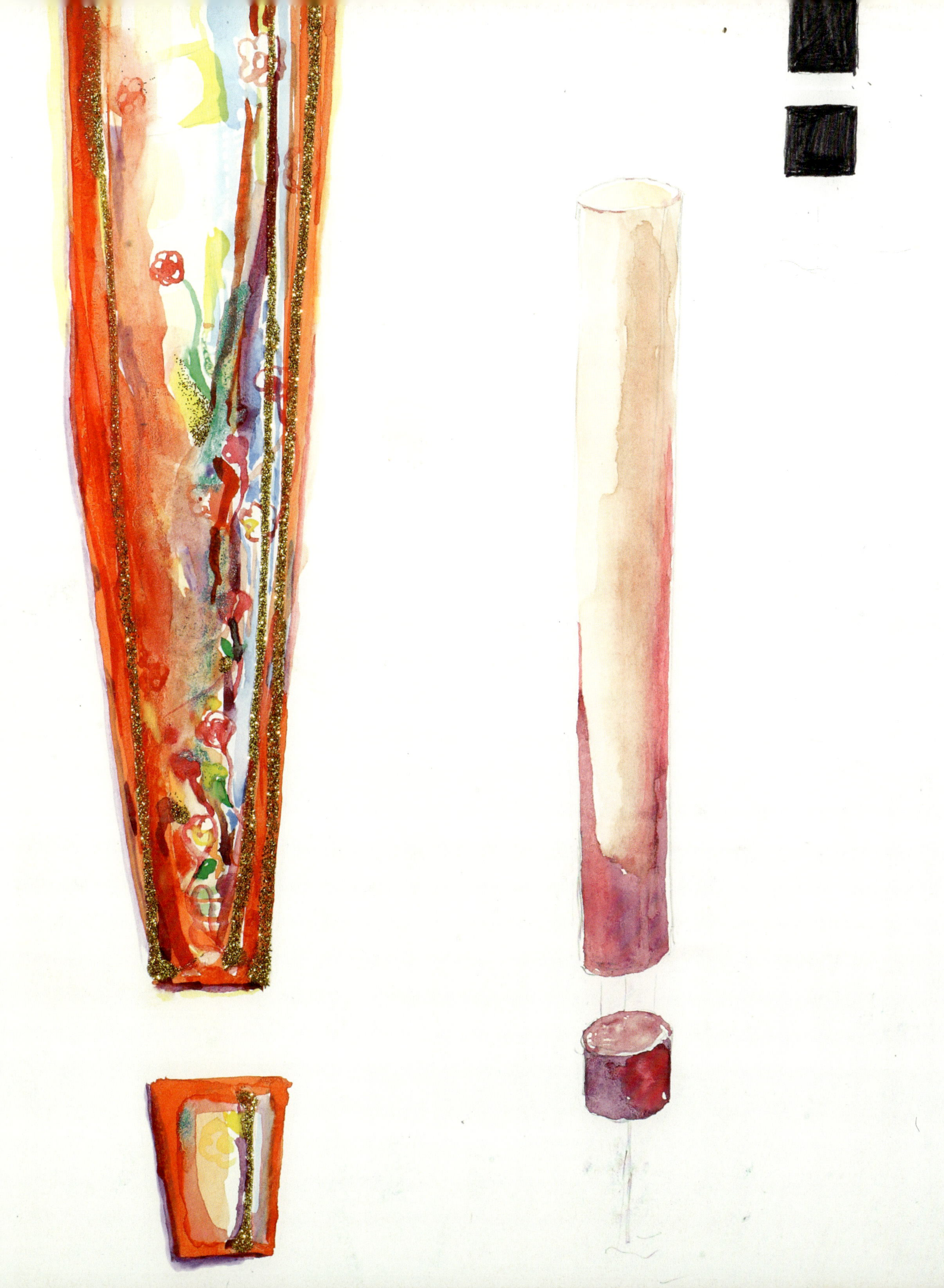

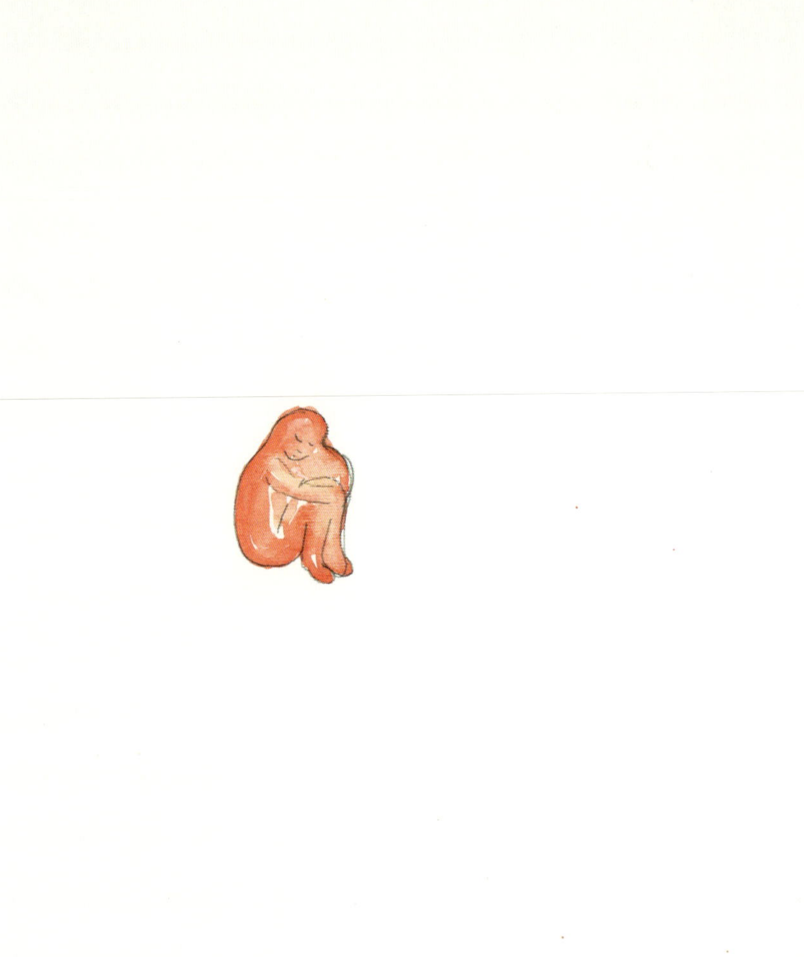

46
Sketch for Red Sitting Figure, 2007

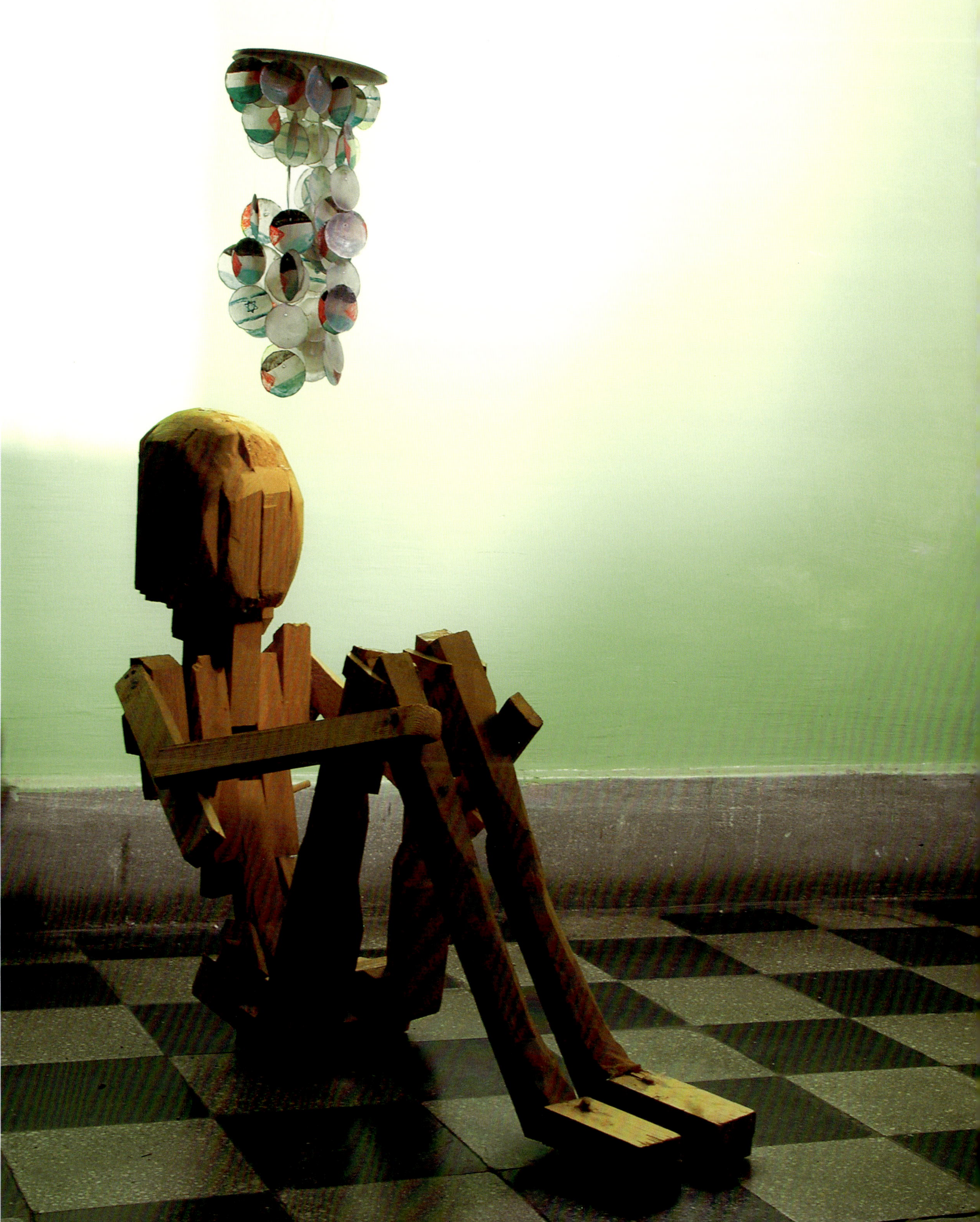

61
Two Buddhists Visiting Hagar, 2005

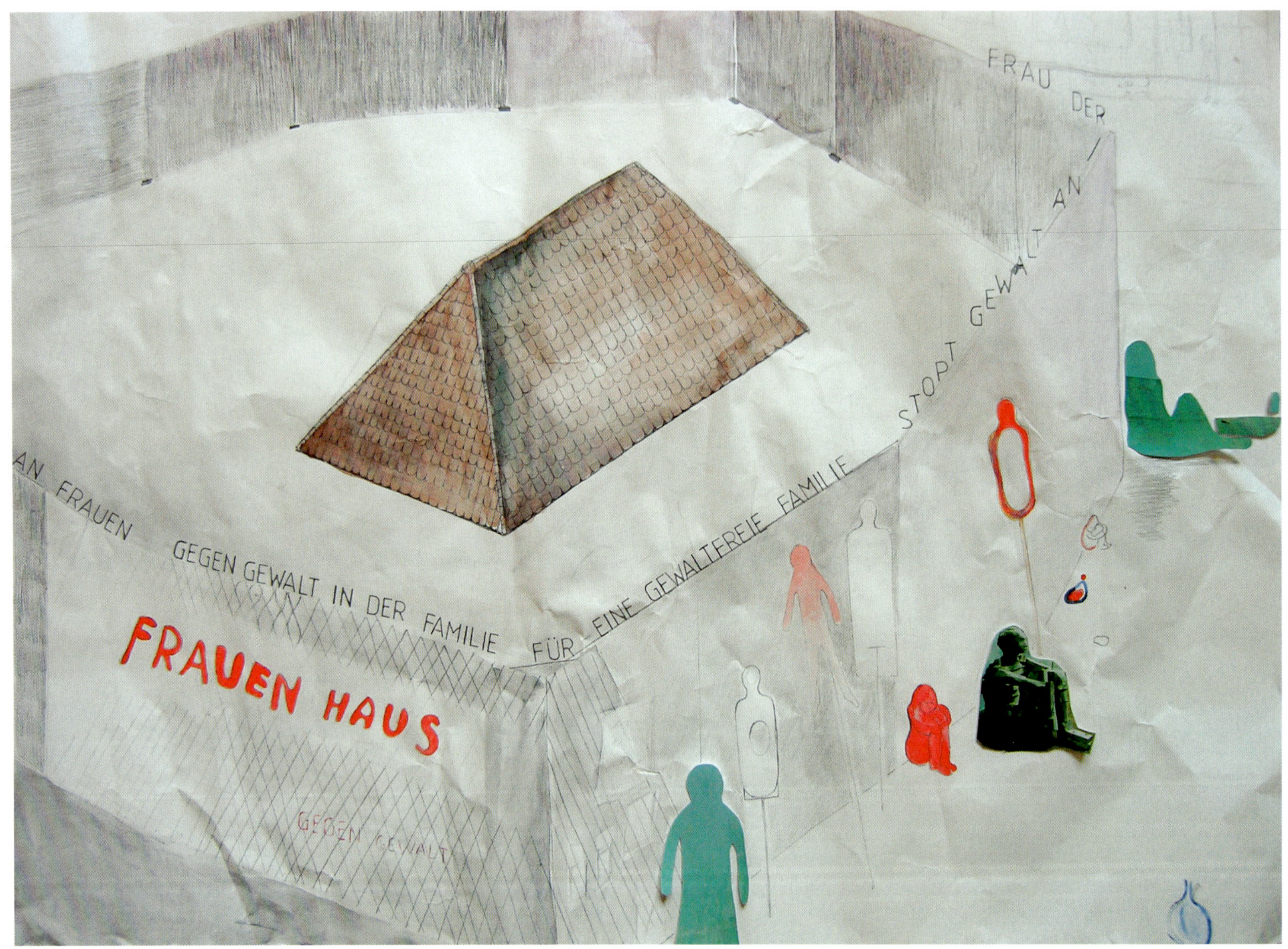

47
Roof and Hearts, 2007

49
Untitled, 2007

48
Untitled, 2007

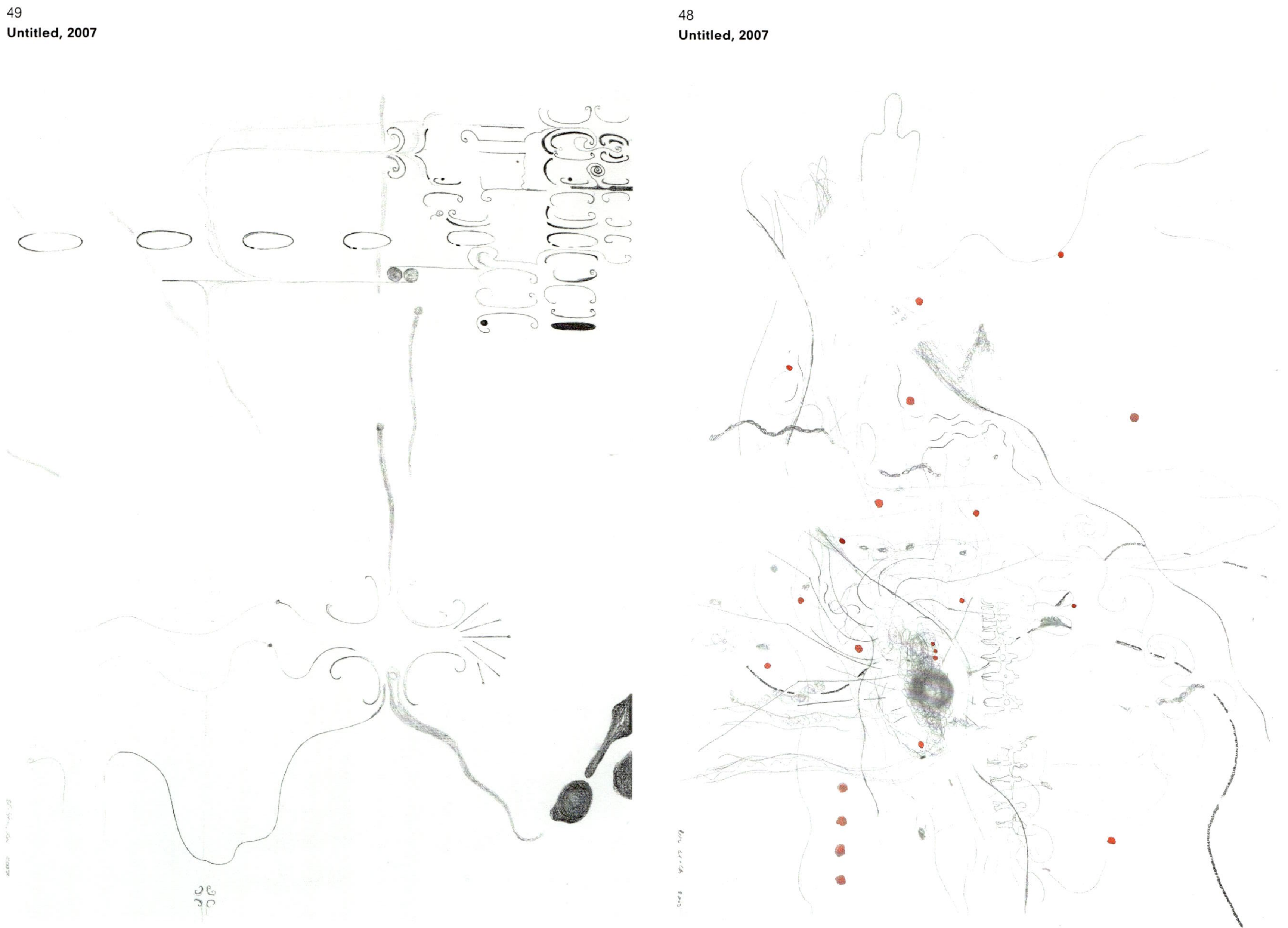

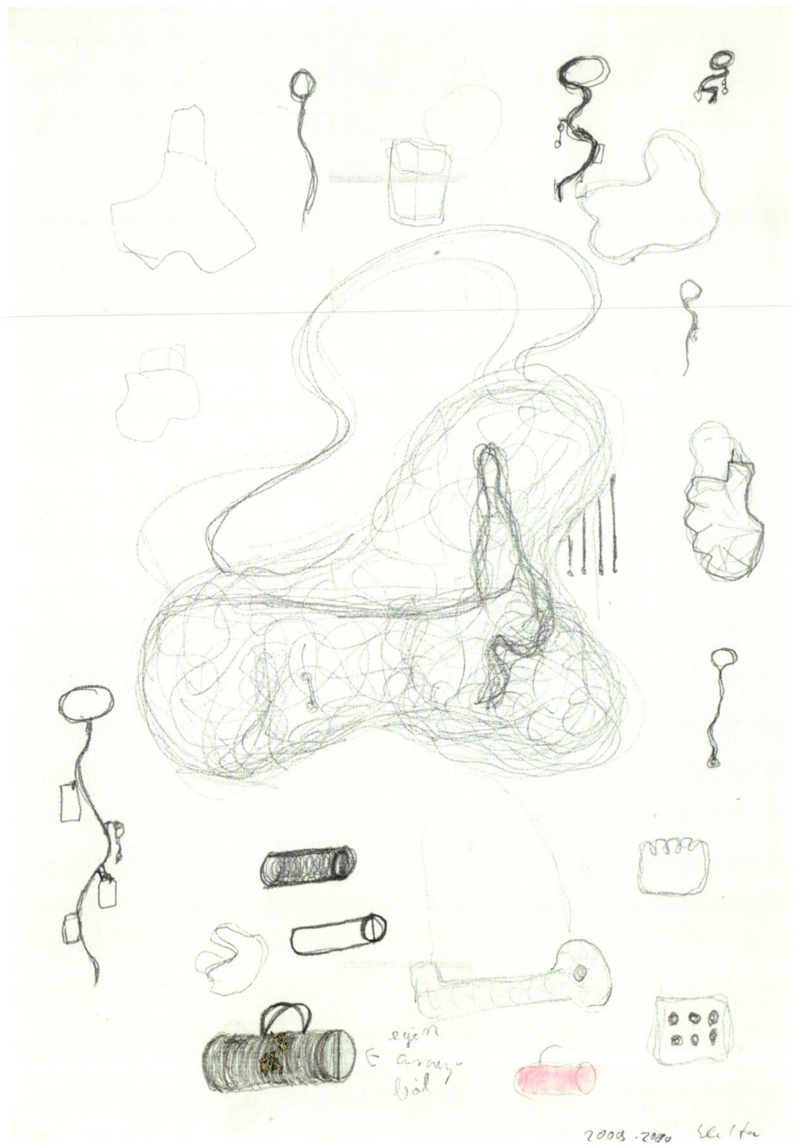

50
Untitled (Sketch for Wicker Bags),
2009

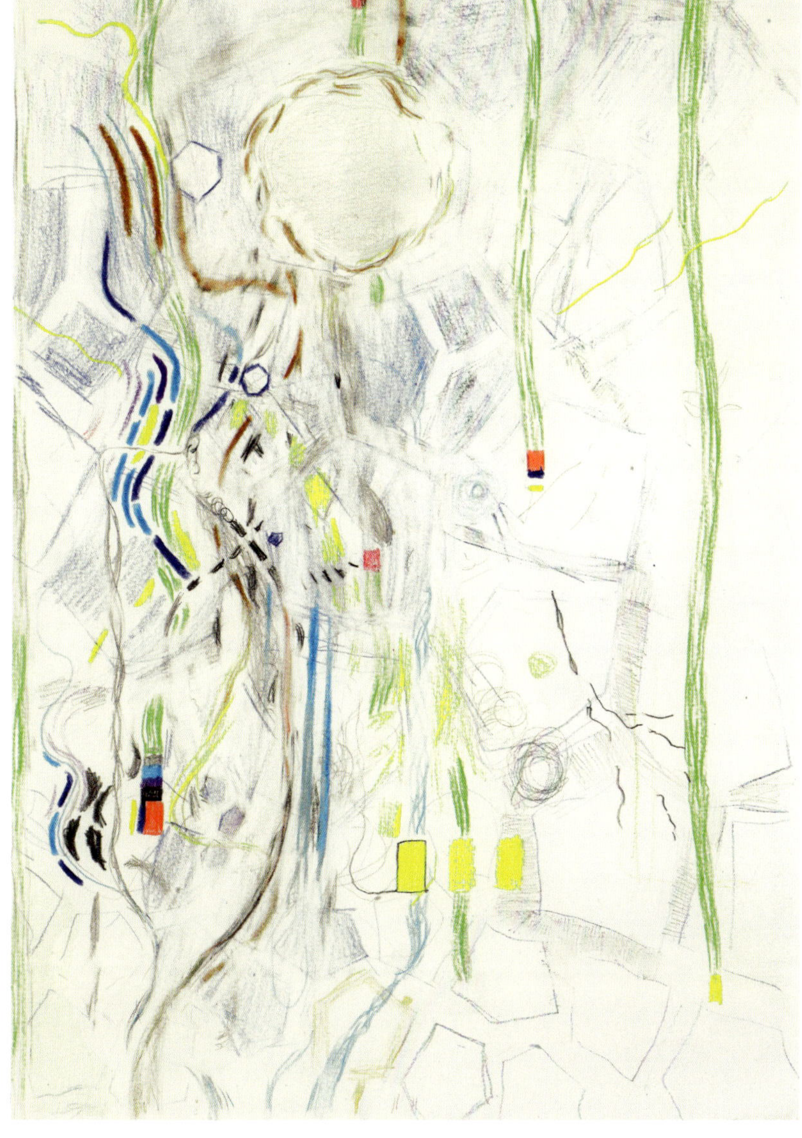

51
Woven Structure with Nest, No. 1,
2010

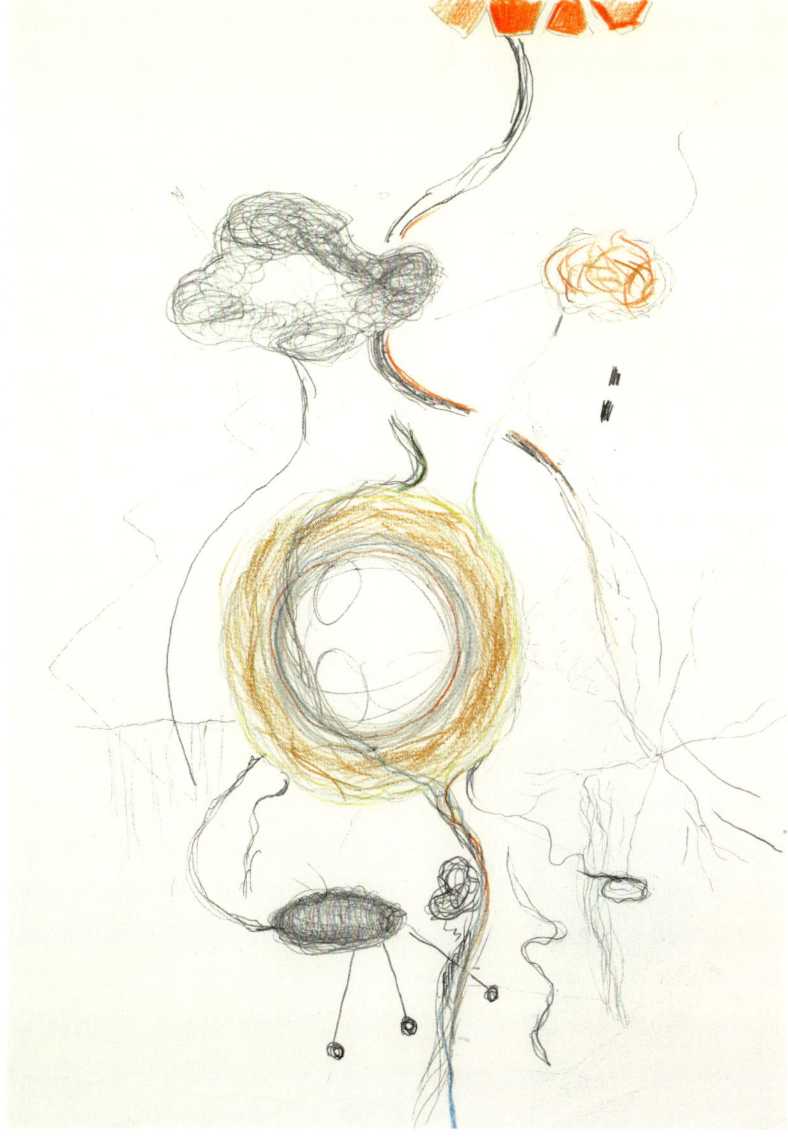

52
Woven Structure with Nest, No. 2,
2010

Exclamation Mark 1, 2010

Exclamation Mark 2, 2010

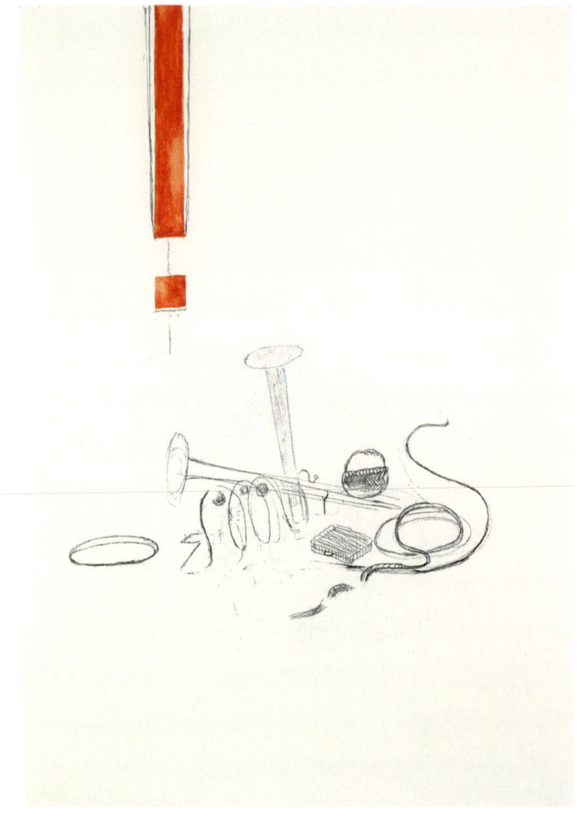

Exclamation Mark 3, 2010

Exclamation Mark 4, 2010

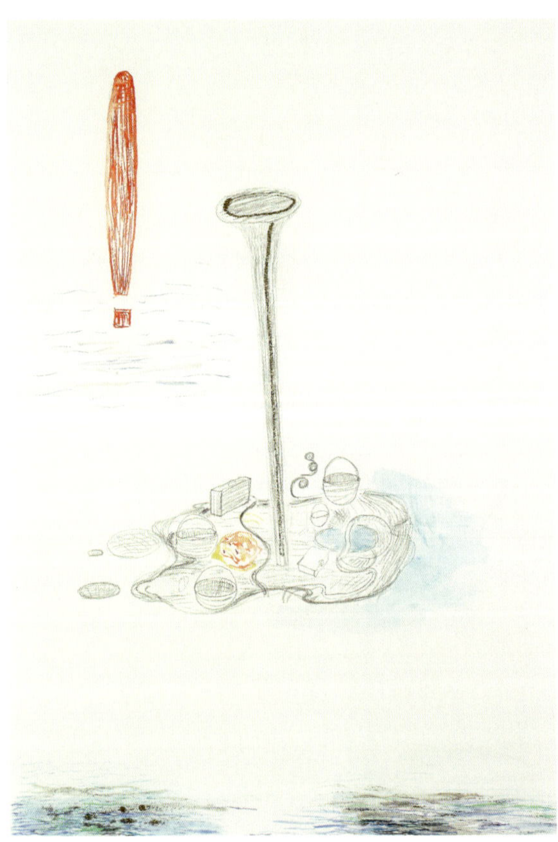

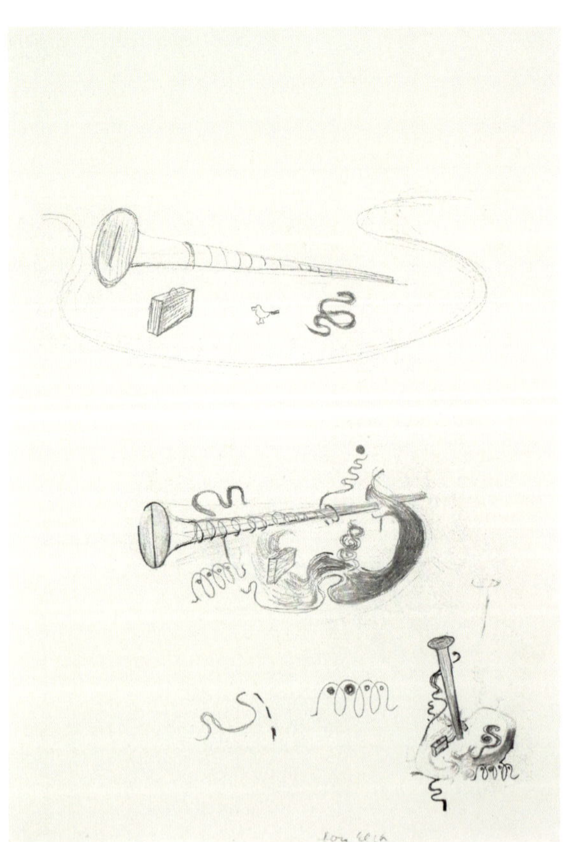

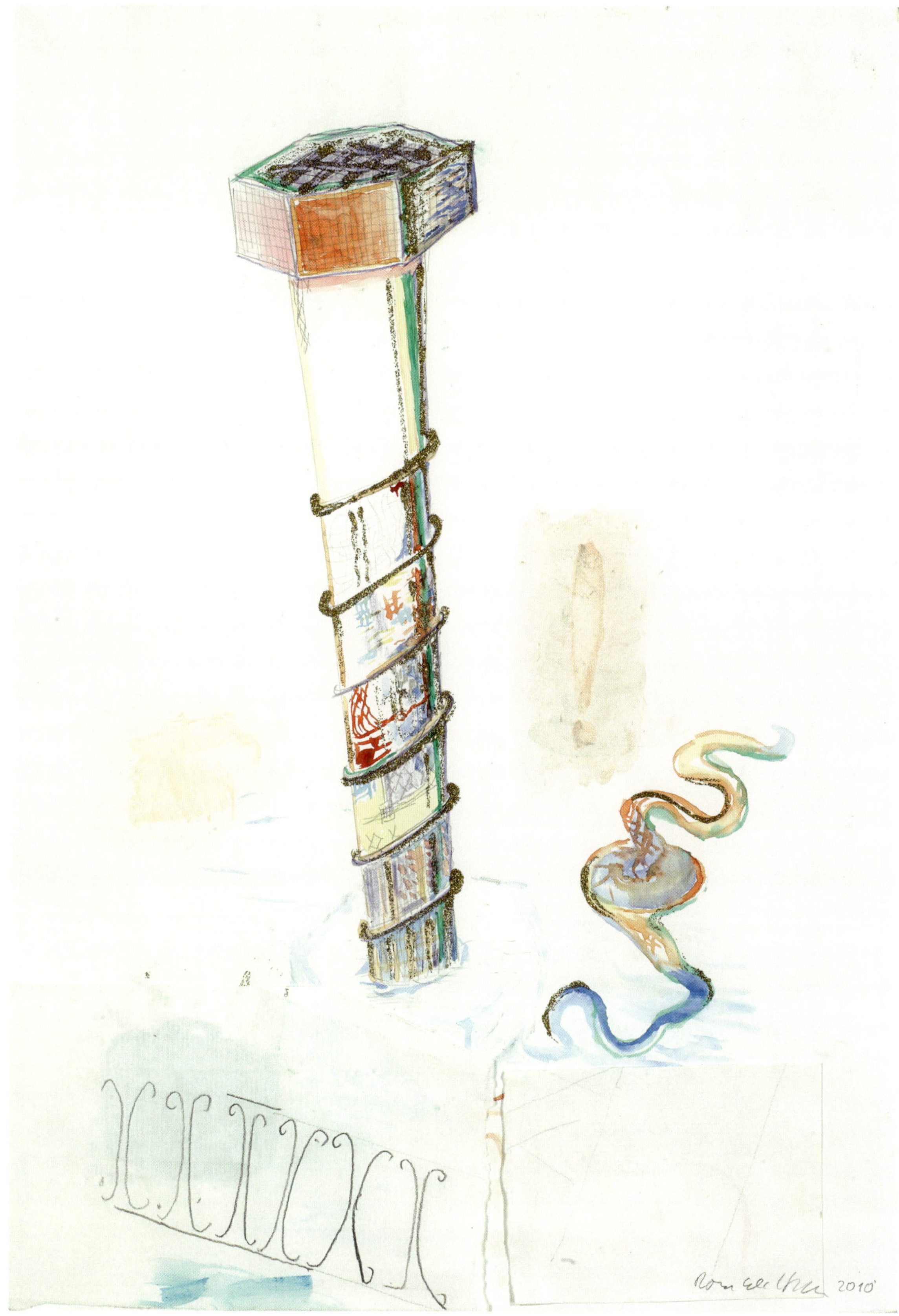

57
Exclamation Mark 5, 2010

Anhang // Appendix

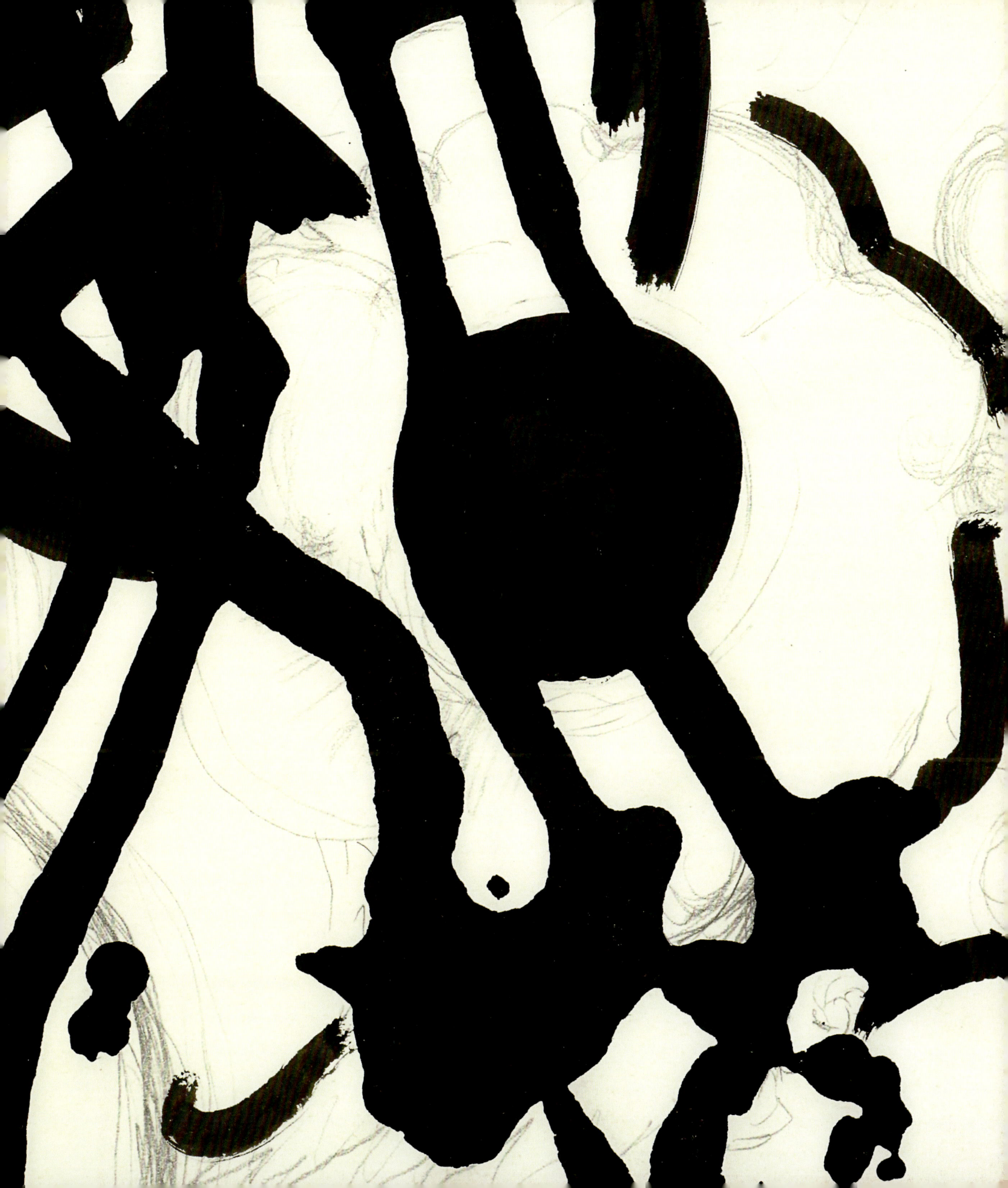

Werkliste //
List of Works

Zeichnungen // Drawings

1
Untitled (Study for Stretched
Objects), **1995**
**Bleistift auf Papier //
Pencil on paper
39.7 × 21 cm
Privatsammlung // Private
collection**

2
Untitled (Study for Stretched
Objects), **1995**
**Bleistift auf Papier //
Pencil on paper
21 × 39.7 cm
Privatsammlung // Private
collection**

3
Untitled (Study for Stretched
Objects), **1995**
**Bleistift auf Papier //
Pencil on paper
21 × 39.7 cm
Privatsammlung // Private
collection**

4
Untitled (Study for Stretched
Objects), **1995**
**Bleistift auf Papier //
Pencil on paper
39.7 × 21 cm
Privatsammlung // Private
collection**

5
Stretched Objects, **1995**
**Verso Stretched Objects
Bleistift auf Papier // Pencil on
paper
69.8 × 599.5 cm
Kunstmuseum Basel, Kupfer-
stichkabinett, Inv. 2011.138
Erworben // Acquired 2011**

6
Untitled, **1997**
**Serie von 18 Zeichnungen //
Series of 18 drawings
Bleistift auf Papier // Pencil on
paper
Je // each 21 × 29.5 cm
Kunstmuseum Basel, Kupfer-
stichkabinett, Inv. 2004.34.1-18
Erworben // Acquired 2004**

7
Sketch for Sculpture and
Performance "R. Thinking /
Dreaming about Overpopula-
tion," **1999**
**Bleistift und Aquarell auf
Papier // Pencil and watercolor
on paper
29.7 × 21 cm
Courtesy Róza El-Hassan &
Tony Wuethrich Galerie, Basel**

8
Sketches for Overpopulation—
Clothes, **2000**
**Serie von 30 Zeichnungen in
29 Rahmen // Series of 30 draw-
ings in 29 frames
Kunstmuseum Basel, Kupfer-
stichkabinett, Inv. 2003.34.1-29
Erworben // Acquired 2003**

8.1
**Bleistift, Goldfarbe auf
Papier // Pencil, gold paint on
paper
29.7 × 21 cm
Inv. 2003.34.1**

8.2
**Bleistift, Goldfarbe, Wasser-
farbe auf Papier // Pencil, gold
paint, watercolor on paper
29.7 × 21 cm
Inv. 2003.34.2**

8.3
**Wasserfarbe auf Papier //
Watercolor on paper
29.7 × 21 cm
Inv. 2003.34.3**

8.4
**Bleistift, Wasserfarbe, Gold-
farbe auf Papier // Pencil,
watercolor, gold paint on paper
40.4 × 30 cm
Inv. 2003.34.4**

8.5
**Bleistift, Wasserfarbe, Gold-
farbe auf Papier // Pencil,
watercolor, gold paint on paper
40 × 30 cm
Inv. 2003.34.5**

8.6
**Bleistift, Wasserfarbe, Gold-
farbe auf Papier // Pencil,
watercolor, gold paint on paper
40 × 30 cm
Inv. 2003.34.6**

8.7
Bleistift, Wasserfarbe auf
Papier (Blatt gefaltet) // Pencil,
watercolor on paper (folded)
Gefaltet // folded 23 × 30 cm
Inv. 2003.34.7

8.8
Bleistift auf Papier //
Pencil on paper
40.5 × 30 cm
Inv. 2003.34.8

8.9
Wasserfarbe, Faserstift auf
Papier // Watercolor, fibre pen
on paper
39.7 × 29.8 cm
Inv. 2003.34.9

8.10
Wasserfarbe auf Papier //
Watercolor on paper
39.8 × 29.9 cm
Inv. 2003.34.10

8.11
Wasserfarbe, Goldfarbe, Bleistift, Faserstift auf Papier //
Watercolor, gold paint, pencil,
fibre pen on paper
39.9 × 30 cm
Inv. 2003.34.11

8.12
Bleistift auf Papier //
Pencil on paper
29.7 × 21 cm
Inv. 2003.34.12.a

8.13
Bleistift auf Papier //
Pencil on paper
29.7 × 21 cm
Inv. 2003.34.12.b

8.14
Bleistift auf Papier //
Pencil on paper
40.6 × 30.1 cm
Inv. 2003.34.13

8.15
Bleistift, Wasserfarbe auf
Papier // Pencil, watercolor on
paper
40.2 × 29.9 cm
Inv. 2003.34.14

8.16
Bleistift, Wasserfarbe auf
Papier // Pencil, watercolor on
paper
40.2 × 30 cm
Inv. 2003.34.15

8.17
Bleistift und Klebestreifen, zwei
Papiere zerschnitten und
zusammengeklebt // Pencil and
strips of tape, two sheets of
paper cut up and stuck together
42.8 × 34.3 cm
Inv. 2003.34.16

8.18
Bleistift auf Papier //
Pencil on paper
42.1 × 29.7 cm
Inv. 2003.34.17

8.19
Bleistift auf Papier //
Pencil on paper
40.5 × 30 cm
Inv. 2003.34.18

8.20
Bleistift, Wasserfarbe auf
Papier // Pencil, watercolor on
paper
40.5 × 30 cm
Inv. 2003.34.19

8.21
Bleistift, Wasserfarbe, zwei
Blätter zerschnitten und über-
einander geklebt // Pencil,
watercolor, two sheets of paper
cut up and stuck on top of one
another
40.5 × 30.4 cm
Inv. 2003.34.20

8.22
Bleistift und Wasserfarbe auf
Papier // Pencil and watercolor
on paper
40.2 × 30 cm
Inv. 2003.34.21

8.23
Bleistift und Wasserfarbe auf
Papier // Pencil and watercolor
on paper
29.7 × 21 cm
Inv. 2003.34.22

8.24
Bleistift und Wasserfarbe auf
Papier // Pencil and watercolor
on paper
29.6 × 21 cm
Inv. 2003.34.23

8.25
Bleistift auf Papier //
Pencil on paper
32.4 × 22.9 cm
Inv. 2003.34.24

8.26
Bleistift und Wasserfarbe auf
Papier // Pencil and watercolor
on paper
40.5 × 30 cm
Inv. 2003.34.25

8.27
Bleistift und Wasserfarbe auf
Papier // Pencil and watercolor
on paper
40.5 × 30 cm
Inv. 2003.34.26

8.28
Bleistift und Wasserfarbe auf
Papier // Pencil and watercolor
on paper
40.5 × 30 cm
Inv. 2003.34.27

8.29
Bleistift und Wasserfarbe auf
Papier // Pencil and watercolor
on paper
40 × 30 cm
Inv. 2003.34.28

8.30
Bleistift auf Papier //
Pencil on paper
29.7 × 21.1 cm
Inv. 2003.34.29

9
R. Thinking / Dreaming about
Overpopulation, 2001–2003
Installation: 12 Zeichnungen //
12 drawings (je // each
41.8 × 29.6 cm, Bleistift, Aqua-
rell, Tusche auf Papier // Pencil,
watercolor, Indian ink on
paper), DVD, blauer Buddha //
Blue Buddha
Kunsthaus Zürich, Vereinigung
Zürcher Kunstfreunde, Gruppe
Junge Kunst, Inv. 2003/28

10–45
R. Thinking / Dreaming about
Overpopulation, 2002–03
Courtesy Róza El-Hassan &
Tony Wuethrich Galerie, Basel
(ausser // except Nr. // Nos. 20
& 35)

10
Untitled (In Memory of My
Grandma), 2002/03
Bleistift auf Papier // Pencil on
paper
29.7 × 21 cm

11
Untitled, 2002/03
29.7 × 21 cm
Bleistift und Gouache auf
Papier // Pencil and gouache
on paper

12
Untitled (Each Line Is Responsibility), 2002/03
Bleistift und Gouache auf
Papier // Pencil and gouache
on paper
29.7 × 21 cm

13
Untitled (Barrier), 2002/03
Bleistift und Gouache auf
Papier // Pencil and gouache
on paper
29.7 × 21 cm

14
Untitled (Creative People Must
Be Excluded from Power),
2002/03
Bleistift auf Papier //
Pencil on paper
29.6 × 21 cm

15
Untitled, 2002/03
Bleistift und Collage auf
Zeitungsausschnitt // Pencil
and collage on newspaper
cuttings
29.6 × 21 cm

16
Untitled, 2002/03
Tusche auf Papier //
Indian ink on paper
41.9 × 29.7 cm

17
Untitled (You Can't Do It Right
for Everybody [Or It's Very
Difficult]), 2002/03
Bleistift, Aquarell, Gouache
und Collage auf Papier //
Pencil, watercolor, gouache
and collage on paper
40.3 × 29.6 cm

18
Untitled (No War), 2002/03
Bleistift und Tusche, aus-
geschnittene Formen // Pencil
and Indian ink, cut-out shapes
40.3 × 29.6 cm

19
Untitled, 2002/03
Bleistift und Tusche auf
Papier // Pencil and Indian ink
on paper
41.9 × 29.6 cm

20
Peace—Tranquility and Deca-
dence, 2002/03
Gouache auf Papier // Gouache
on paper
41 × 29 cm
Sammlung Júlia Bartók // Gábor
Bruck Collection

21
Untitled (Human), 2002/03
Tusche und Wasserfarbe auf
Papier, herausgerissenes
Loch // Indian ink and water-
color on paper, torn out hole
29.5 × 41.8 cm

22
Untitled (And Something Else),
2002/03
Bleistift und Collage auf
Papier // Pencil and collage
on paper
Ca. 48.4 × 35.9 cm

23
Untitled, 2002/03
Bleistift, Aquarell, Gouache
und Collage mit Papier
und Plastikfolie // Pencil, watercolor, gouache and collage
with paper and plastic foil
Ca. 48.5 × 50.5 cm

24
Untitled (Even Me), 2002/03
Bleistift und Collage auf Papier,
zweiteilig // Pencil and collage
on paper, two parts
Ca. 48.6 × 41.1 cm

25
Untitled (Nam June), 2002/03
Bleistift auf Papier // Pencil on
paper
29.6 × 21 cm

26
Untitled (Duchamp's La
Fontaine Pissoire as a Demonstration Object), 2002/03
Bleistift auf Papier // Pencil on
paper
29.7 × 21 cm

27
Untitled (Demonstration
Object), 2002/03
Bleistift auf Papier //
Pencil on paper
29.7 × 21 cm

28
Untitled (Heavy Demonstration
Object), 2002/03
Bleistift auf Papier //
Pencil on paper
29.6 × 21 cm

29
Untitled, 2002/03
Bleistift auf Papier //
Pencil on paper
29.7 × 21 cm

30
Untitled (Disarmament),
2002/03
Bleistift auf Papier //
Pencil on paper
29.7 × 21 cm

31
Untitled (Naivity against
Racism), 2002/03
Bleistift auf Papier //
Pencil on paper
29.7 × 21 cm

32
Untitled (Victim Drawing),
2002/03
Bleistift auf Papier //
Pencil on paper
29.7 × 21 cm

33
Untitled (Jokes about War),
2002/03
Bleistift auf Papier //
Pencil on paper
29.7 × 21 cm

34
Untitled (God), 2002/03
Bleistift auf Papier //
Pencil on paper
29.6 × 21 cm

35
Untitled (Collective Dream),
2002
Bleistift auf Papier //
Pencil on paper
29.6 × 21 cm
Privatsammlung Zürich //
Private collection Zurich

36
Untitled (Collective Percep-
tion / Fraternité), 2002/03
Bleistift auf Papier //
Pencil on paper
29.6 × 21 cm

37
Untitled (Art Is Free), 2002/03
Bleistift auf Papier //
Pencil on paper
29.6 × 21 cm

38
Untitled, 2002/03
Bleistift auf Papier //
Pencil on paper
29.6 × 21 cm

39
Untitled, 2002/03
Collage Papier // Collage paper
29.6 x 21 cm

40
Untitled (Nature), 2002/03
Bleistift auf Papier //
Pencil on paper
29.7 × 21 cm

41
Untitled, 2002/03
Bleistift auf Papier //
Pencil on paper
29.6 × 21 cm

42
Untitled (This is an Art Per-
formance), 2002/03
Bleistift auf Papier //
Pencil on paper
29.6 × 21 cm

43
Untitled (Róza El-Hassan
Ashamed), 2002/03
Bleistift auf Papier //
Pencil on paper
40.3 × 29.6 cm

44
Untitled (Good Woman),
2002/03
Bleistift auf Papier //
Pencil on paper
40.4 × 29.6 cm

45
Untitled (Good Man), 2002/03
Bleistift auf Papier //
Pencil on paper
41.9 × 29.6 cm

46
Sketch for Red Sitting Figure,
2007
Bleistift und Aquarell auf
Papier // Pencil and watercolor
on paper
27.6 × 21 cm
Privatbesitz // Privately owned,
Basel

47
Roof and Hearts, 2007
Drawing for the project Frauen-
haus in Amstetten (A). Con-
ceived in cooperation with
Sándor Bodó but not executed
Bleistift, Gouache und Collage
auf Papier // Pencil, gouache
and collage on paper
50 × 72 cm
Privatsammlung Frankreich //
Private collection France
Courtesy Gandy Gallery,
Bratislava

48
Untitled, 2007
Bleistift und Aquarell auf
Papier // Pencil and watercolor
on paper
45 × 64 cm
Kunstmuseum Basel, Kupfer-
stichkabinett, 2007.62
Erworben // Acquired 2007

49
Untitled, 2007
Bleistift auf Papier //
Pencil on paper
49.9 × 69.9 cm
Kunstmuseum Basel, Kupfer-
stichkabinett, 2007.63
Erworben // Acquired 2007

50
Untitled (Sketch for Wicker
Bags), 2009
Bleistift, Goldfarbe und
Wasserfarbe auf Papier //
Pencil, gold paint and water-
color on paper
32 × 22.7 cm
Privatbesitz // Privately owned,
Basel

51
Woven Structure with Nest,
No. 1, 2010
Zeichnung für // Drawing for
Common Things Project
Bleistift und Farbstift auf
Papier // Pencil and colored
pencil on paper
34 × 24 cm
Courtesy Róza El-Hassan &
Tony Wuethrich Galerie, Basel

52
Woven Structure with Nest,
No. 2, 2010
Zeichnung für // Drawing for
Common Things Project
Bleistift und Farbstift auf
Papier // Pencil and colored
pencil on paper
34 × 24 cm
Courtesy Róza El-Hassan &
Tony Wuethrich Galerie, Basel

53
Exclamation Mark 1, 2010
Bleistift, farbige Tusche und
Goldpaste auf Papier // Pencil,
colored ink and gold paste
on paper
42 × 30 cm
Kunstmuseum Basel, Kupfer-
stichkabinett, Inv. 2011.12
Erworben // Acquired 2011

54
Exclamation Mark 2, 2010
Bleistift und rote Tusche auf
Papier // Pencil and red ink on
paper
50 × 34 cm
Kunstmuseum Basel, Kupfer-
stichkabinett, Inv. 2011.13
Erworben // Acquired 2011

55
Exclamation Mark 3, 2010
Bleistift, farbige Tusche und
Goldpaste auf Papier // Pencil,
colored ink and gold paste
on paper
50 × 34 cm
Kunstmuseum Basel, Kupfer-
stichkabinett, Inv. 2011.14
Erworben // Acquired 2011

56
Exclamation Mark 4, 2010
Bleistift auf Papier // Pencil
on paper
50 × 34 cm
Kunstmuseum Basel, Kupfer-
stichkabinett, Inv. 2011.15
Erworben // Acquired 2011

57
Exclamation Mark 5, 2010
Bleistift, farbige Tusche, Gold-
paste und Collage auf Papier //
Pencil, colored ink, gold paste
and collage on paper
42 × 29.7 cm
Kunstmuseum Basel, Kupfer-
stichkabinett, Inv. 2011.16
Erworben // Acquired 2011

2. Objekte // Objects

58
Stretched Drinking Glass, 1995
Trinkglas, Stahlseil, Haken //
Drinking glass, steel cable,
hooks
Horizontal ca. 50 cm
Kunstmuseum Basel, Kupfer-
stichkabinett, Inv. 2011.139
Geschenk der Künstlerin // Gift
of the artist 2011

59
Tangle, 1997
Kabel, Drähte und Kartoffel //
Cable, wire and potato
Ca. 110 × 25 × 10 cm
Courtesy Róza El-Hassan &
Tony Wuethrich Galerie, Basel

60
R. Thinking / Dreaming about
Overpopulation I, 1999/2000
Holz, Textil, Luftballon // Wood,
fabric, balloon
75 × 65 × 50 cm
evn collection, Maria Enzersdorf, Austria, Inv. 0097

61
Two Buddhists Visiting Hagar,
2005
Holzskulptur, buddhistisches
Wind- und Klangobjekt mit
palästinensischen und israelischen Flaggen // Wooden
sculpture, Buddhist wind
chimes with Palestinian and
Israeli flags
Ca. 63 × 48 × 91 cm (mit Klangobjekt // with windchimes
ca. 120 × 48 × 91 cm)
Courtesy Róza El-Hassan &
Gandy Gallery, Bratislava

Róza El-Hassan

1966
in Budapest geboren, unga-
risch-syrische Doppelbürgerin

1972–1983
Aufenthalt in Deutschland

1987–1990
Akademie der Bildenden Kunst
in Budapest

1991
Staatliche Hochschule für
Bildende Künste – Städelschule
in Frankfurt a. M.

1991/92
Intermedia-Fakultät, Akademie
der Bildenden Kunst in Budapest

1994
Vier Monate Gastatelier in
Wien

2001
Gastkünstlerin am Collegium
Helveticum, Eidgenössische
Technische Hochschule in
Zürich

2003–2007
Dozentin an der Akademie der
Bildenden Kunst in Budapest

2011
Akademie der Bildenden Kunst
in Budapest, Doctor of Liberal
Arts

Lebt in Budapest

1966
Born in Budapest, dual Hungarian and Syrian nationality

1972–1983
Lived in Germany

1987–1990
Hungarian University of Fine
Arts in Budapest

1991
State Academy of Visual Arts –
Städelschule in Frankfurt am
Main

1991/92
Intermedia Faculty at the Hun-
garian University of Fine Arts in
Budapest

1994
Four months' guest studio in
Vienna

2001
Visiting artist at the Collegium
Helveticum, ETH Zurich

2003–2007
Lecturer at the Hungarian University of Fine Arts in Budapest

2011
Hungarian University of Fine
Arts in Budapest, Doctor of
Liberal Arts

Lives in Budapest

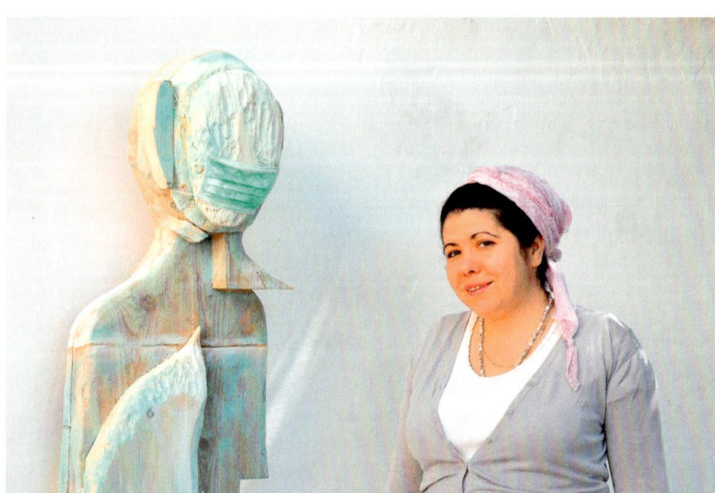

Einzelausstellungen //
Solo Exhibitions

2010
Drop and Roll, Tony Wuethrich
Galerie, Basel
Der Besuch oder Woher der
Wind weht, BBK Künstlerhaus,
Karlsruhe

2008
You Can't Do it Right for Every-
body, Kálmán Imre Museum,
Siófok (H)

2007
I Would Like to Be Good, Palais
für aktuelle Kunst, Glückstadt
(D)
Clan, Gandy Gallery, Bratislava
Red Man, Tony Wuethrich
Galerie, Basel

2006
R. Thinking / Dreaming about
Overpopulation – A Retro-
spective, Műcsarnok, Budapest

2004
R. Thinking / Dreaming about
Overpopulation – Videos,
Drawings, Fészek Klub, Buda-
pest
R. Thinking / Dreaming about
Overpopulation – Demonstra-
tionsästhetik, Lesung und Aus-
stellung für einen Abend //
reading and one-evening exhi-
bition, Sigmund Freud Museum,
Wien // Vienna

2003
Drawings, The Drawing Center,
New York
R. Thinking / Dreaming about
Overpopulation, Galerie Bar-
bara Claassen-Schmal, Bremen
R. Thinking / Dreaming about
Overpopulation, Atelieraus-
stellung in der Sternwarte,
ETH Zürich // Zurich

2000
Objekte, Secession, Wien //
Vienna

1999
Image Engine, Ludwig Múzeum,
Budapest
Image Engine, Knoll Galéria,
Budapest

1998
Róza El-Hassan, Galerie Bar-
bara Claassen-Schmal, Bremen
Róza El-Hassan, Kunstverein
Ulm
UNDO, De Vleeshal, Middel-
burg (NL)
Róza El-Hassan, Patika Múze-
um, Székesfehérvár (H)

1997
Lichtmahl // Gleaming Fruits,
Studio Galerie, Budapest
Róza El-Hassan, Biennale di
Venezia, Ungarischer Pavillon //
Hungarian Pavilion
Róza El-Hassan, Mala Galerija,
Ljubljana

1996
Stretched Objects, Knoll Galerie, Wien // Vienna & Budapest

1995
Stretched Objects – Róza El-
Hassan, Neue Galerie am Lan-
desmuseum Joanneum, Graz

1994
Secured Space, Knoll Galerie,
Wien // Vienna
Róza El-Hassan, Galerie A4,
Wels (A)

Ausgewählte Kooperationen
und kuratorische Projekte //
Collaborative and Curatorial
Projects (Selection)

2009 (bis heute // ongoing)
No Corruption, Social-Design-
Marke mit Roma-Korbflech-
tern aus dem ungarischen Dorf
Szendrőlád // social design
brand with Roma basket wea-
vers from the Hungarian village
Szendrőlád, in Kooperation mit
den Designern // in collaboration with the designers Matali
Crasset, Rami Al Dihni, Andrea
Kesserü and others, in Zusammenarbeit mit // in collaboration with myvillages.org
Common Things and Inter-Fés-
zek, Serie von Kooperationen
in Budapest // series of collaborative projects in Budapest,
u. a. mit // with Éva Köves,
Andrea Sztojanovits, Salam
Haddad, Imre Weber and
others

2008
Unsellables from Budapest,
Kuratorische Projekte mit //
curatorial projects with Péter
Don
BagHHHHdad, Kuratorisches
Projekt mit der Gruppe Urnamo
sowie Salam Haddad, Bag-
dad // a curatorial project with
the Urnamo group and Salam
Haddad from Baghdad, Gandy
Gallery, Bratislava

2007 (bis heute // ongoing)
Diskursive Kooperation mit
dem Filmemacher, Fotografen
und Maler Salam Haddad //
Discursive collaboration with
filmmaker, photographer and
painter Salam Haddad

2005
Some Stories, Videogeschich-
ten zur Frauenthematik aus
dem Nahen Osten und der Tür-
kei // video narratives on feminist issues from the Middle
East and Turkey, kuratorisches
Projekt mit // curatorial project
in collaboration with Gerald
Matt, Kunsthalle Wien, Vienna

2004
Gush Shalom, Projekt mit dem
Nahost-Friedensaktivisten
Toma Sik // in collaboration
with Middle East peace activist
Toma Sik (1939–2004), Liget
Galéria, Budapest

2001–2003
KMKK – Attention Recycling,
zirka 100 Abendshows und
Events in Budapest // about
100 one-evening shows and
events in Budapest, kuratiert
von // curated by Dóra Hegyi,
János Sugár, Emese Süvecz
& Róza El-Hassan
R. Thinking / Dreaming about
Overpopulation, Aktionen auf
den Territorien des Roten
Kreuzes // actions on the terri-
tories of the Red Cross, Bel-
grad // Belgrade, Budapest &
Zürich // Zurich

2002
Budapest Box, Ausgewählte
unabhängige Budapester
Kunstprojekte und -publikatio-
nen aus den 1990er-Jahren für
das Revolver Archiv für Aktuelle Kunst an der Manifesta
Frankfurt // selection of independent Budapest art projects
and publications from the
1990s for Revolver Archiv für
Aktuelle Kunst at Manifesta
Frankfurt
Róza's Money, mit // with Su-
zanne Treister & Simon Barney,
Budapest & Sydney

2001
Leseraum, Secession Wien,
eine Künstlerkorrespondenz //
artists' correspondence,
mit // with Luchezar Boyadjiev,
Milica Tomic & Beata Weszely

Seit // Since 1999
Extra-Territoria, Dialog- und
Aktionsplattform // platform for
dialogue and actions, initiiert
von // initiated by Milica Tomic,
Róza El-Hassan & Branimir
Stojanivits

Gruppenausstellungen (Auswahl) // Group Exhibitions (Selection)

2011
Public Folklore (Co-Produktion Steirischer Herbst 2011), **Grazer Kunstverein, Graz**
Im Garten. Lebensräume zwischen Sehnsucht und Experiment, **Nordico Museum der Stadt Linz, Linz**
New York, Rio, Tokió, **Inda Galéria, Budapest**
Art on Lake, **Szépművészeti Múzeum (Museum of Fine Arts), Budapest**
No Corruption, in Zusammenarbeit mit // in collaboration with Faur Zsófi, **Ráday Galéria, Budapest**

2010
Other Worlds, **Siemens Sanat Gallery, Istanbul**
Transart – Public Dialogue, **Komarno (SK)**
Donumenta 2010 – Hungary. Liberation Formula, **International Festival for Art and Culture, Regensburg**
Œuvres de la collection »Sans titre« de Christa Wenzl, **Institut Français, Budapest**

2009
Crossing Frontiers, **City Gallery, Prag // Prague**
Dogma, **Barrel Gallery, Croatian Association of Visual Artists, Zagreb**
Akzent Ungarn, **Neue Galerie am Landesmuseum Joanneum, Graz**
Philosopher's Key – Bölcsek Kulcsa, öffentliches Kunstprojekt mit // public art project with Éva Köves & Imre Weber, **Sopron University (H)**
Les Femmes parlent – Nök Szava, **Gandy Gallery, Bratislava**
Exposition Fleuves, **Centre national de l'édition et de l'art imprimé, Chatou (F)**
Moholy Telephone Paintings and other Works, **Aggetelek (H)**

2008
The Jerusalem Show, **Al-Ma'mal, Foundation for Contemporary Art, Jerusalem**
BagHHHHdad, **Gandy Gallery, Bratislava**
Woman's Art Festival, **Le Pont Gallery, Aleppo (Syria)**
Art as a Gift – Periferic Biennial, **Iasi (RO)**
»Na mi van? What's up?«, **Műcsarnok, Budapest**
Contact. Selection from the Contemporary Art Collection of Erste Bank Group, **Institute of Contemporary Art, Dunaújváros (H)**
North by North-East: The Continental Unconscious – »Mari El Intercom«, **Kumu Art Museum, Tallinn**

2007
In Focus – Meditation on Violence, **Tate Modern, Contemporary Art Platform, Dazed Gallery, London**
The Art of Failure, **Kunsthaus Baselland, Muttenz**

2006
Crossing Frontiers // Határátlépések // Grenzgänger, **Kunstforum Ostdeutsche Galerie, Regensburg**
Domestic Goods (Hazai javak), **A. I. R. Gallery, New York**
Közös Tér, **Ernst Múzeum, Budapest**
Sinopale, 1st Sinop Biennial, **Sinope (TUR)**

2005
Sharjah Bienale, **Vereinigte Arabische Emirate // United Arab Emirates**
Paula's Home, **Lentos Kunstmuseum Linz**

2004
Continental Breakfast, **Cultural Centre, Belgrad // Belgrade**
Hidden Holocaust, **Műcsarnok, Budapest**

2003
DisORIENTation. Zeitgenössische arabische Künstler aus dem nahen Osten, **Haus der Kulturen der Welt, Berlin**
Prophetic Corners. The 6th Periferic Biennial, **Iasi (RO)**
Gravitation – Moszkva tér, **Moskauer Platz / Moscow Square, Budapest**

2002
Budapest Box, **Ludwig Múzeum, Budapest**
Utas és Holdvilág, **Ludwig Múzeum, Budapest**

2001
Konverzacije, **Museum of Contemporary Art, Belgrad // Belgrade**
Abbild: Recent Portraiture and Depiction, **Landesmuseum Joanneum, Graz, Steirischer Herbst**
2000+ ArtEast Collection, **Orangerie Congress, Innsbruck**
Out of Time, **Műcsarnok, Budapest**
Small Talk, **Museum of Contemporary Art, Skopje**
Vertigo, **Ursula Blickle Stiftung, Kraichtal (D)**
Höchstleistung, **Kunstwerke, Frauenfeld (CH)**
»Öffnen-Sichern-Speichern unter«, Zeichnung im Grenzbereich, **Tony Wuethrich Galerie, Basel**
Fassadenprojekt – Billboardproject, mit // with Milica Tomic, **Secession, Wien // Vienna**

2000
L'autre moitié de l'Europe, **Galerie Nationale du Jeu de Paume, Paris**
Raumkörper, Netze und andere Gebilde, **Kunsthalle Basel**
Aspekte – Positionen II, **Ludwig Múzeum, Budapest**
After the Wall II, **Ludwig Múzeum, Budapest**
After the Wall III, **Hamburger Bahnhof, Berlin**
Kooperativ, **Stadthaus Ulm**
Art-East Collection 2000, **Metelkova, Ljubljana**

1999
After the Wall, **Moderna Museet, Stockholm**
Zeitwenden, **Kunstmuseum Bonn**
»Under the Same Sky«, Art in Cityscape, **Kiasma, Helsinki**
Kunst der 90-er Jahre in Ungarn, **Akademie der Künste, Berlin**
Intermédia, 1–2, **P60, Budapest & Galeria Medium, Bratislava**

1998
Observatorium, **Ujazdowski, Warschau // Warsaw**
Intermedia – Szép Idö, **Ernst Múzeum, Budapest**
Sollentuna Medialisation, **Edsvik Konst & Kultur, Sollentuna (FIN)**
Sensations from Central Europe, **Central European Academy, London**
»Ungarn«, Avantgarde im 20. Jahrhundert, **Neue Galerie der Stadt Linz**
Natura Morta, **City Museum, Bratislava**
Roteiros, Roteiros Roteiros, **Biennal di Sao Paulo**

1997
Schwerelos, **Ludwig Múzeum, Budapest**
»Entgegen« – Religion – Gedächtnis – Körper, **Priesterseminar Graz**
sic., **Kiscelli Múzeum, Budapest**
Gallery by Night, **Kooperation mit // collaboration with Luchezar Boyadjiev, Studio Galéria, Budapest**

1996
Manifesta 1, Foundation European Art Manifestation, **Kunsthalle Rotterdam**
The Butterfly Effect, **Soros Center of Contemporary Art, Budapest**
Junge Szene Budapest, **Galerie 5020, Salzburg**
Combinations and Permutations, **Míčovna, Návšt va Pražského, Prag // Prague**
Untitled, 3 x 3 from Hungary, and Boris Mikhailov, **CCS Galleries, Bard College, N.Y.**
Schwerelos, **Oberösterreichisches Landesmuseum, Linz**
De Rode Poort, **Museum van Hedendaagse Kunst, Gent**

1995
In and Out of Touch, **Haus Ungarn, Berlin**
Biennale für Kleinplastik // Biennial of Small Sculpture, **Palais Lichtenstein, Wien // Vienna**
Beyond Belief, **Museum of Contemporary Art, Chicago**
Kwangju Biennal '95, **Kvangju (Südkorea // South Korea)**

1994
Kunst Europa, Ausstellungs-
raum Lothringer Straße, Mün-
chen // Munich
More than Ten, Ludwig Múze-
um, Budapest
En Suite, Museum van Heden-
daagse Kunst, Gent
Csörgő Attila, El-Hassan Róza,
Goethe-Institut, Budapest
Zeichnungen, Galerie Forum
Lindenthal, Köln // Cologne

1993
Prospect 93, Kunstverein und
Schirn Kunsthalle, Frankfurt am
Main
Aperto 93, Biennale di Venezia,
Venedig // Venice
Biennale für Kleinplastik //
Biennial of Small Sculpture,
Murska Sobota (SLO)
Minta II., Fészek Galéria, Buda-
pest

1992
Revision, Adelaide
Spektrum, Ujlak Exhibition Hall,
Budapest

1991
Zwischen Holbein und Dürer,
Städelschulneubau, Frankfurt
am Main
Ostmodern, Atelierhaus Klenze-
straße, München // Munich
Oscillations II, Műcsarnok,
Budapest
Oscillations I, Podunajksé
Múzeum, Komárno (SLK)

Bibliografie // Bibliography

Publikationen zu Einzelausstellungen // Publications for Solo
Exhibitions

Róza El-Hassan, »Stretched
Objects«, Neue Galerie am
Landesmuseum Joanneum,
Graz, 1995 (Artist in Residence,
Bulletin Nr. // No. 3), Graz 1995.

Róza El-Hassan, Knoll Galerie,
Wien // Vienna & Budapest, mit
Beiträgen von // with contributi-
ons by Eszter Babarczy & Bart
De Baere, Wien // Vienna &
Budapest 1996.

Róza El-Hassan, XLVII International Biennale of the Visual
Arts, Venice 1997, Ungarischer
Pavillon // Hungarian Pavilion,
mit Beiträgen von // with contributions by Gábor Bora et al.,
hrsg. vom // ed. by Ludwig
Múzeum, Budapest, 1997.

Róza El-Hassan, Mala Galerija,
Ljubljana, 1997, mit Beiträgen
von // with contributions by
Katalin Nérya & Igor Zabel,
Ljubljana 1998.

Róza El-Hassan, Kunstverein
Ulm, 1998, hrsg. von // ed. by
Friederike Kitschen, Ulm 1998.

El-Hassan Róza, Ludwig
Múzeum, Budapest, hrsg. von //
ed. by Róza El-Hassan & Dóra
Hegyi, Budapest 1999.

Róza El-Hassan, Secession,
Wien, 2000, mit Beiträgen von //
with contributions by Matthias
Herrman & Eszter Babarczy,
Wien // Vienna 2000.

Róza El-Hassan. Drawings,
Drawing Center, New York,
2003 (Drawing Papers, Nr. //
No. 38), New York 2003.

R. Thinking / Dreaming about
Overpopulation, Künstlerbuch
in limitierter Auflage anlässlich
Retrospektive im Műcsarnok,
Budapest // artist's book, lim-
ited edition for the retrospec-
tive at Műcsarnok Budapest,
2005, hrsg. von // ed. by Emese
Süvecz & Róza El-Hassan,
Budapest 2005.

Róza El-Hassan – CLAN, Gandy
Gallery, Bratislava, mit einem
Beitrag von // with a contribution by Dóra Hegyi, Bratislava
2007.

Publikationen zu Gruppenausstellungen (Auswahl) //
Publications for Group Exhibitions (Selection)

Csörgő Attila, El-Hassan Róza,
Goethe-Institut, Budapest;
Budapest 1995.

Manifesta 1, Foundation European Art Manifestation, Rotterdam, kuratiert von // curated by
Rosa Martínez et al., Rotterdam
1996.

Raumkörper. Netze und andere
Gebilde, Kunsthalle Basel, mit
Beiträgen von // with contribu-
tions by Ralf Christofori et al.,
Basel 2000.

Saman taivaan alla: taidetta
kaupungissa 1999–2000 =
under samma himmel: Under
the Same Sky: Róza El-Hassan,
Ayse Erkmen, Maurice O'Con-
nell, Timo Vartiainen, Kiasma,
Nykytaiteen museo, Helsinki,
hrsg. von // ed. by Maria
Hirvi, Helsinki [2000].

Luchezar Boyadjiev, Róza El-
Hassan, Branimir Stojanović,
Milica Tomic, Beáta Veszely,
Leseraum, Wiener Secession,
2000, mit Beiträgen von // with
contributions by Luchezar Boyadjiev & Róza El-Hassan, hrsg.
von der // ed. by Secession,
Wien // Vienna 2000.

DisORIENTation. Zeitgenössische arabische Künstler aus
dem Nahen Osten, Haus der
Kulturen der Welt, Berlin 2003.

Moszkva tér – Gravitáció //
Gravitation, hrsg. von // ed. by
Ludwig Múzeum, Budapest;
Budapest 2003.
Crossing Frontiers // Határátlé-
pések // Grenzgänger, Kunst-
forum Ostdeutsche Galerie
Regensburg; Regensburg 2006.

Periferic Biennale 8. Art as Gift,
Iasi, hrsg. von // ed. by Asoca-
tia Vektor, Iasi 2008.

Akzent Ungarn. Ungarische Kunst aus der Sammlung der Neuen Galerie Graz, Neue Galerie Landesmuseum Joanneum, Graz, hrsg. von // ed. by Christa Steinle & Peter Peer, Graz 2009.

Other Worlds. Róza El-Hassan, Tomas Oszvald, Youssef Tabti, Siemens Sanat Galerie, Istanbul, hrsg. von // ed. by Mürteza Fidan & T. Melih Gorgün, Istanbul 2010.

NOIR, Tony Wuethrich Galerie Basel, mit einem Text von // with a text by Quinn Latimer, Basel 2010.

Donumenta 2010 – Hungary. Liberation Formula, International Festival for Art and Culture in Regensburg, Ostdeutsche Galerie Regensburg, hrsg. von // ed. by Regina Hellwig-Schmid, Regensburg 2010.

Art on Lake, City Park Lake, Budapest, Beiträge von // contributions by Péter Fitz et al., hrsg. von // ed. by Szépművészeti Múzeum (Museum of Fine Arts), Budapest 2011.

Ausgewählte Artikel // Articles (Selection)

András Zwickl, »Geschlossenheit und Transparenz. Kommunikationsgebilde von Róza El-Hassan«, in: Neue bildende Kunst. Zeitschrift für Kunst und Kritik, 95, 6, 1995, S. // p. 27.

Peter Weibel, »Róza El-Hassan, ›Stretched Chair‹, 1995«, in: 2000+ Arteast Collection: The Art of Eastern Europe: A Selection of Works for the International and National Collections of Moderna Galerija Ljubljana, Orangerie Congress, Innsbruck, hrsg. von // ed. by Mika Briški, Wien // Vienna & Bozen // Bolzano 2001, S. // pp. 82–83.

[o. A.], »Zürich: Róza El-Hassan als künstlerischer Gast des Collegium Helveticum«, in: Kunst-Bulletin, 11, 2002, S. // pp. 73–74.

Róza El-Hassan, »Demonstrationsästhetik«, in: Kunst-Bulletin, 4, 2003, S. // pp. 66–67.

Emese Süvecz, »R. A Name Reduced to One Letter«, in: Gazet'art, Zagreb, März // March 2004.

Dóra Hegyi, »Explain a Line What a Ball Is«, in: Faltblatt zur Diskussionsrunde und Zeichen-Videoinstallation in Fészek, Artists' Club Budapest, 2005.

György Péter, »›Ahol asszonyok halnak, ott én éber vagyok!‹ – El-Hassan Róza munkássága«, in: Ders., Kádár Köpönyege, Budapest 2005, S. // pp. 182–200.

Dóra Hegyi, »Róza El-Hassan – Retrospektive, 27. Juli bis 1. Oktober 2006, Műcsarnok Kunsthalle«, in: Springerin, 12, 4, 2006, S. // pp. 61–62.

Karen N. Gerig, »Roter Mann mit steinernem Herz. Róza El-Hassans Objektkunst rüttelt an politischen und gesellschaftlichen Tabus«, in: Basler Zeitung, 15. März // March 2007, S. // p. 24.

»Róza El-Hassan interviewed by Predrag Pajdic, February 2007«, siehe // see http://www.infocusdialogue.com/interviews/roza-el-hassan/ (15.9.2011)

Eva Scharrer, »Thinking about R. Zu den Arbeiten von Róza El-Hassan«, in: Kunst-Bulletin, 4, 2007, S. // pp. 36–42.

Róza El-Hassan & Salam Haddad: »Baghhhhdad«, in: BagHHHHdad, hrsg. von // ed. by Gandy Gallery, Bratislava, 2008.

Anita Haldemann, »Róza El-Hassan«, in: Jahresbericht 2007 der Öffentlichen Kunstsammlung Basel, Kunstmuseum und Museum für Gegenwartskunst, Basel 2008, S. // p. 24.

Róza El-Hassan, »The Customary Abuse of Artistic Autonomy«, in: Art Always Has Its Consequences. Artists' Texts from Croatia, Hungary, Poland, Serbia 1947–2009, hrsg. von // ed. by Dóra Hegyi et al., Berlin 2011.

Claudia Jolles, »Besprechungen: Róza El-Hassan, ›Drop and Roll‹«, in: Kunst-Bulletin, 1/2, 2011, S. // pp. 64–65.

Diese Publikation erscheint anlässlich der Ausstellung // This book is published in conjunction with the exhibition

Róza El-Hassan
In Between

Kunstmuseum Basel
11. Februar – 20. Mai 2012
February 11 – May 20, 2012

Katalog // Catalogue

Herausgeberin // Editor:
Anita Haldemann

Redaktion // Managing editor:
Anita Haldemann

Verlagslektorat // Copyediting:
Judith Vajda, Dagmar Winkler
(Deutsch // German)
Melanie Newton (Englisch // English)

Übersetzungen // Translations:
Michael Scuffil

Grafische Gestaltung und Satz //
Graphic design and typesetting:
Atelier Sternstein, Stuttgart
Maren Witthoeft, Johannes Sternstein

Schrift // Typeface:
Neuzeit S

Verlagsherstellung // Production:
Ines Sutter

Reproduktionen // Reproductions:
Dr. Cantz'sche Druckerei Medien
GmbH, Ostfildern

Druck // Printing:
sellier druck GmbH, Freising

Papier // Paper:
150 g/qm Profimatt

Buchbinderei // Binding:
Conzella Verlagsbuchbinderei, Urban
Meister GmbH, Aschheim-Dornach bei
München // near Munich

© 2012 Hatje Cantz Verlag, Ostfildern,
und Autoren // and authors

© 2012 für die abgebildeten Werke
von // for the reproduced works by
Róza El-Hassan: die Künstlerin //
the artist;
Bruce Nauman und // and Sol LeWitt:
VG Bild-Kunst, Bonn;
Marcel Duchamp: Succession Marcel
Duchamp / VG Bild-Kunst, Bonn;
sowie bei den Künstlern, Fotografen
oder ihren Rechtsnachfolgern // the
artists, photographers and their legal
successors.

Erschienen im // Published by
Hatje Cantz Verlag
Zeppelinstrasse 32
73760 Ostfildern
Deutschland // Germany
Tel. +49 711 4405-200
Fax +49 711 4405-220
www.hatjecantz.com

Informationen zu dieser oder zu anderen Ausstellungen finden Sie unter
www.kq-daily.de // You can find information on this exhibition and many
others at www.kq-daily.de

Hatje Cantz books are available inter-
nationally at selected bookstores.
For more information about our distri-
bution partners, please visit our web-
site at www.hatjecantz.com.

Buchhandelsausgabe // Trade edition:
ISBN 978-3-7757-3237-6
Museumsausgabe // Museum edition:
ISBN 978-3-7204-0199-9

Printed in Germany

Umschlagabbildung //
Cover illustration:
Kat. // cat. 8.27 und // and 6.8
(Ausschnitt // detail)

Frontispiz // Frontispiece:
Vgl. // see fig. 8, p. 55

Ausstellung // Exhibition

Direktor // Director:
Bernhard Mendes Bürgi

Kaufmännischer Direktor //
Commercial Director:
Stefan Charles

Leiter Kupferstichkabinett // Head and
Curator, Department of Prints and
Drawings:
Christian Müller

Kuratorin des Kupferstichkabinetts //
Curator, Department of Prints and
Drawings:
Anita Haldemann

Wissenschaftliche Assistenz //
Curator's assistant:
Britta Dümpelmann

Registrar // Registrar:
Margareta Leuthardt

Restauratorische Betreuung //
Restoration and conservation:
Chantal Schwendener, Caroline Wyss,
Kristin Bucher (Zeichnungen // draw-
ings), Werner Müller, Amelie Jensen,
Sophie Eichner (Objekte // objects)

Fotograf // Photographer:
Martin P. Bühler

Presse- und Öffentlichkeitsarbeit //
Press and public relations:
Christian Selz

Ausstellungsaufbau // Exhibition
installation:
Claude Bosch, Bruno Liechti, Stefano
Schaller, Andreas Schweizer

Kunstmuseum Basel
St. Alban Graben 16
CH-4010 Basel
Tel. +41 61 206 6262
Fax. +41 61 206 6252
www.kunstmuseumbasel.ch

Mit Unterstützung von //
With the support of:
Tony Wuethrich Galerie, Basel
Gandy Gallery, Bratislava